Bernd Eikelmann, Thomas Reker (Hrsg.)

Sozialpsychiatrie in der Praxis

D1705799

Sozialpsychiatrie und psychosoziale Versorgung

herausgegeben von

Helmut Mair, Universität Münster

Institut für Sozialpädagogik, Weiterbildung
und empirische Pädagogik

in Zusammenarbeit mit

Bernd Eikelmann und Thomas Reker,
Universität Münster

Klinik und Poliklinik für Psychiatrie

Band 1

LIT

Sozialpsychiatrie in der Praxis

Neue Projekte, empirische Untersuchungen und Analysen

Bernd Eikelmann, Thomas Reker (Hrsg.)

unter Mitarbeit von

A. Crome, W.P. Hornung, H. Kunze, Z. Kupper,

H.R. Lamb, P. Stastny, B. Wethkamp

LIT

Umschlag: Grafik von Dr. H. Hoffmann,
Sozialpsychiatrische Universitätsklinik, Bern.

Die Deutsche Bibliothek – CIP-Einheitsaufnahme

Sozialpsychiatrie in der Praxis : Neue Projekte, empirische Untersuchungen
und Analysen / Bernd Eikelmann, Thomas Reker (Hrsg.) . – Münster ;
Hamburg : Lit, 1994
    (Sozialpsychiatrie und psychosoziale Versorgung ; Bd. 1.)
    ISBN 3–89473–785-9

NE: GT

© LIT VERLAG Dieckstraße 56   48145 Münster   Tel. 0251-235091
            Hallerplatz 5   20146 Hamburg   Tel. 040-446446

INHALTSVERZEICHNIS

VORWORT DER HERAUSGEBER

Die Bundesrepublik Deutschland verfügt über ein differenziertes System der psychiatrischen Krankenversorgung, das internationalen Vergleichen durchaus standhalten kann. Es hat in den letzten zehn Jahren einen weiteren Ausbau erfahren. Diese Entwicklung wurde im komplementären Bereich und im stationären Bereich insbesondere durch die Empfehlungen der Expertenkommission der Bundesregierung von 1988 und die Personalverordnung Psychiatrie aus dem Jahre 1991 sehr begünstigt. Obwohl Fortschritte zu verzeichnen sind, obwohl viele Therapiemethoden evaluiert und implementiert wurden, blieben die *Probleme* und Problemgruppen - wenn auch in rückläufiger Zahl - erhalten: zu ihnen gehören vor allem die chronisch Kranken.

Die Schwierigkeiten in der Praxis lassen sich wie folgt umreißen: chronisch oder rezidivierend psychisch Kranke stellen in den Versorgungskrankenhäusern die größte Patientengruppe dar. Analog sind die Verhältnisse, wenn man jene Kranken betrachtet, die außerhalb einer fachlichen Betreuung sind. Im einzelnen handelt es sich um entweder politoxikomane oder körperlich depravierte Suchtkranke, um Psychosekranke, um schwer persönlichkeitsgestörte Menschen und psychogeriatrisch Kranke mit besonderen Problemen. Für alle 4 Gruppen gilt, daß angemessene Versorgungskonzepte fehlen oder zu kurz greifen. Einerseits erreichen wir viele dieser Patienten nicht: ob nun im Vorfeld einer Behandlung oder im Anschluß daran. Andererseits heben unsere Bemühungen zu sehr auf die Akutbehandlung des Rückfalls ab; die Kranken werden, auch wenn sie es wünschen, im Intervall nicht ausreichend intensiv betreut.

In diesem Zusammenhang ist das Thema psychiatrische Rehabilitation zu erörtern. In der Psychiatrie hat der Begriff in den letzten Jahrzehnten eine erhebliche Wandlung und Differenzierung erfahren. Dabei hat sich allerdings nicht allein die Bedeutung des Wortes gewandelt, vielmehr hat eine substantielle Erweiterung der Konzepte stattgefunden. Es wurde eine Vielzahl von praktischen Lösungen realisiert und in beträchtlichem Maße wissenschaftlich untersucht. Die vorliegenden Ergebnisse belegen eindrucksvoll, daß auch chronisch und schwerkranke Patienten außerhalb des Krankenhauses leben können, wenn sie dort in ausreichendem Maße unterstützt und gefördert werden. Dazu bedarf es betreuter Wohnmöglichkeiten, Hilfen bei der Alltagsbewältigung, Beschäftigungsangebote und Arbeitsmöglichkeiten sowie Maßnahmen zur Förderung der Teilnahme am gesellschaftlichen, sozialen und kulturellen Leben. Rehabilitation bedeutet heute v.a. die *soziale Integration* von chronisch psychisch Kranken in die Gesellschaft. Vielfach sind es Teilbereiche, in denen die Betroffenen wieder selbständig leben können, während sie in anderen Lebensbereichen dauerhafte Unterstützung benötigen. Aber psychiatrische Rehabilitation umfaßt auch die mittelfristige, gezielte *Förderung* von Patienten, die von einem Chronischwerden ihrer Krankheit bedroht werden.

Wir sind weit davon entfernt, das Phänomen chronischer Krankheit in der Psychiatrie erklären zu können. Es fehlt schon an einer Definition, die wissenschaftlichen Kriterien genügt. Vorhandene Modelle gründen angesichts einer schmalen Datenbasis auf Spekulationen und Hypothesen. Der Problematik und den besonderen Bedürfnissen chronisch psychisch Kranker ist sowohl unter praktischen Versorgungsaspekten als auch unter wissenschaftlichen Gesichtspunkten bisher zu wenig Aufmerksamkeit gewidmet worden. Noch immer gilt die Beschäftigung mit chronisch Kranken vielerorts als wenig erfolgversprechend und unbefriedigend, als wissenschaftlich uninteressant und bedeutungslos. Immerhin zeigt sich heute die Vielfalt der beteiligten Faktoren, und in Ansätzen lassen sich vermeidbare Fehler erkennen. Neben einer konsequenten, auf den gesicherten biologischen Grund der meisten psychischen Erkrankungen zielenden Behandlung, bedarf es einer gezielten Beeinflussung des psychosozialen Umfeldes der Patienten.

Diesem breiten Verständnis von Rehabilitation, das sich nicht primär an institutionellen oder kostentechnischen Aspekten, sondern an den Bedürfnissen der Betroffenen orientiert, fühlen sich die Autoren dieses Buches verpflichtet. Bei aller Unterschiedlichkeit der jeweiligen Thematik, der Versorgungsbedingungen und des praktischen Arbeitsfeldes ist diese gemeinsame Grundüberzeugung die verbindende Klammer. In den Beiträgen dieses Buches wird anhand von konkreten Projekten über neue Methoden und Ansätze in der Rehabilitationspraxis berichtet. Es werden empirische Untersuchungen und methodische Überlegungen vorgestellt und Entwicklungen und Konzepte kritisch analysiert. Die Bandbreite der Themen und Ansätze repräsentiert die Vielfalt der Praxis.

Wie man sich chronisch psychisch kranken Menschen nähern kann, davon soll das Buch handeln. Dabei ergeben sich natürlich unterschiedliche Zugriffsarten: die nordamerikanische Entwicklung zeigt grosso modo, wie man es nicht tun sollte. Es ist menschenverachtend und zutiefst inhuman, wenn man - aus welchen Gründen auch immer - das Schicksal der chronisch Kranken der "Straße" überläßt. Die Betreuung chronisch psychisch Kranker im Krankenhaus und in komplementären Einrichtungen, ihre aktive Einbeziehung in den Rehabilitationsprozeß, ihre subjektiven Bewertungen sowie grundsätzliche Überlegungen sind Gegenstand weiterer Beiträge. Sie zeigen deutlich, daß der Trend weg von institutionellen Settings hin zu funktionalen, institutionsunabhängigen Lösungen geht. Auch die neuroleptische Therapie als die bisher effektivste Behandlungsmethode in der Psychiatrie ist Thema eines Beitrages - weniger unter pharmakologischen Gesichtspunkten als unter Aspekten der Compliance. Bei der herausragenden Bedeutung der neuroleptischen Rezidivprophylaxe ist es alle Mühen wert, die Bereitschaft schizophrener Menschen zu verbessern, sich an einer solchen Therapie zu beteiligen.

Ein Teil der Beiträge (Kapitel II, V, VI, VII und VIII) wurde erstmals im Rahmen des Symposiums: "Neue Ansätze in der Behandlung chronisch Kranker" auf dem Jubiläumskongreß der Deutschen Gesellschaft für Psychiatrie und Nervenheilkunde im September 1992 in Köln vorgestellt und von den Autoren für diese Publikation noch einmal überarbeitet. Die anderen Beiträge wurden eigens für dieses Buch erstellt. Die Herausgeber danken allen Autoren für die gute Zusammenarbeit. Unser weiterer Dank gilt Frau M. Fugmann für die sorgfältige redaktionelle Bearbeitung des Manuskriptes.

Münster, im März 1994

Bernd Eikelmann, Thomas Reker

I. PROBLEME DER DESINSTITUTIONALISIERUNG

H. Richard Lamb[1]

Die *Desinstitutionalisierung* - der massive Abbau von stationären Behandlungsplätzen in den staatlichen Krankenhäusern - ist in den USA weit fortgeschritten. Zwar sind im komplementären Bereich viele neue Dienste und Einrichtungen geschaffen worden - jedoch können bei allen erreichten Fortschritten längst nicht alle Patienten gut versorgt werden. Die erschrekkende Zahl von chronisch Kranken, die obdachlos sind, belegt dies eindrücklich. Die weitreichenden Konsequenzen dieses Prozesses v.a. für jüngere chronisch kranke Patienten werden kritisch diskutiert.

1. Das Ausmaß der Desinstitutionalisierung

Welcher Erfahrungshintergrund befähigt mich, dieses Problem zu behandeln? Ich habe in vielen Funktionen als Kliniker in gemeindenahen psychiatrischen Einrichtungen gearbeitet. Darunter waren Einrichtungen zur sozialen und beruflichen Rehabilitation, Tageskli-

---

[1] übersetzt von B. Eikelmann u. Th. Reker, Anmerkung der Übersetzer: Für den amerikanische Begriff *deinstitutionalization* gibt es kein entsprechendes deutsches Wort. *Deinstitutionalization* beschreibt den Prozeß der radikalen Verkleinerung und teilweise Schließung der staatlichen psychiatrischen Krankenhäuser in den USA und geht damit über das hinaus, was bei uns als Enthospitalisierung bezeichnet wird.

niken, Notfalleinrichtungen, stationäre Behandlungsinstitutionen, Ambulanzen, verschiedene Alternativen zu stationären Behandlungssettings und die unterschiedlichsten therapeutischen Wohneinrichtungen. Überdies habe ich entsprechende Programme in den gesamten Vereinigten Staaten beraten oder besucht.

In welchem Umfang hat sich die Desinstitutionalisierung in den Vereinigten Staaten entwickelt? Im Jahre 1955 lebten 559.000 Patienten in den staatlichen psychiatrischen Krankenhäusern bei einer Gesamtpopulation von 165 Millionen US-Amerikanern. Heute sind es ungefähr 103.000 stationäre Patienten, während die Bevölkerung der Vereinigten Staaten 248 Millionen Einwohner umfaßt. So sind wir von 339 belegten Krankenhausbetten pro 100.000 Einwohner im Jahr 1955 auf 41 Krankenhausbetten pro 100.000 Einwohner im Jahr 1993 gekommen. Ihre Zahl nimmt weiterhin ab. Am Beispiel der Vereinigten Staaten lassen sich somit hervorragend die Resultate und Probleme einer konsequenten Desinstitutionalisierung demonstrieren.

2. Eine neue Generation von chronisch und schwer psychisch Kranken

Unsere wahrscheinlich wichtigste Erfahrung lautet: das größte Problem ist nicht das Schicksal jener Patienten, die nach vielen Jahren Hospitalisierung in die Gemeinde entlassen wurden. Viel problematischer und von den Befürwortern der Desinstitutionalisierung überhaupt nicht vorhergesehen, ist die Behandlung einer neuen Generation von Patienten, deren Krankheit erst nach der Ära der konsequenten Desinstitutionalisierung begann. So stammt der Großteil der heute obdachlosen psychisch Kranken aus dieser *postinstitutionellen* Generation (Hopper et al. 1982). Ebenso gehören die meisten wohnsitzlosen Menschen mit schweren seelischen Erkrankungen - gemeint sind Schizophrenie, schizoaffektive Störung, manisch-depressive Erkrankung und psychotische Depression - zu den jüngeren Altersgruppen.

Warum ist das so? Zunächst wollen wir den typischen stationären Langzeitpatienten betrachten. Die meisten von ihnen haben schlechte Chancen entlassen zu werden, weil sie dazu neigen, gewalttätig zu werden, weil sie über wenig Coping-Strategien verfügen und außerdem eine erhebliche Krankheitssymptomatik fortbesteht. Spätestens nach dem ersten gescheiterten Entlassungsversuch verbleiben sie aus diesen Gründen dauerhaft im Krankenhaus.

Diese stationären Langzeitpatienten wurden durch den langen Krankenhausaufenthalt in eine passive Haltung gedrängt. In den meisten Fällen äußert sich diese Passivität darin, daß sie tun, was man ihnen vorschlägt (dies soll nicht als ein positiver Effekt der Langzeithospitalisierung dargestellt werden, sondern lediglich als klinische Beobachtung). Wenn sie in die Gemeinde in Lebensumstände mit ausreichender Unterstützung und Struktur vermittelt werden, verbleiben sie dort zumeist und arrangieren sich.

Die Situation der neue Generation schwer psychisch Kranker ist grundsätzlich anders. Ihnen fehlt diese Erfahrung der Passivierung, da sie nie für Jahre im psychiatrischen Krankenhaus gelebt haben. Vermutlich war es für sie eher schwierig, überhaupt in einem Krankenhaus aufgenommen zu werden (ob sie nun wollten oder nicht) und noch schwieriger, dort für eine längere Zeit zu bleiben.

3. Wie junge Patienten die Desinstitutionalisierung erlebt haben

Wenn man noch jung ist und gerade damit begonnen hat, die Anforderungen des Lebens zu meistern, zählt der Kampf um die Unabhängigkeit zum Selbstverständlichen. Dazu gehört es, einen Beruf zu erlernen, befriedigende zwischenmenschliche Beziehungen mit einem gewissen Grad von Intimität aufzunehmen und somit zu einer eigenen Identität zu gelangen. Viele psychisch Kranke scheitern an diesen Anforderungen, weil ihnen die Möglichkeiten fehlen, mit dem tagtäglichen Streß umzugehen und weil sie nicht in der Lage sind, befriedigende Beziehungen aufzubauen und zu unterhalten. Ihre wiederholten und zuweilen geradezu verzweifelten Anstrengungen, diese Probleme zu meistern, sind mit erheblicher Angst verbunden. Für einen Menschen, der zum psychotischen Rückzug disponiert ist, entsteht hierdurch ein vorhersehbarer, stürmischer Verlauf mit akuten psychotischen Manifestationen und wiederholten Hospitalisierungen, die oft mit diesen verzweifelten Versuchen zusammenhängen. Diese Situation kann noch durch unrealistische eigene Ansprüche oder hohe äußere Erwartungen, z.B. von Familienmitgliedern, mitunter sogar von professionellen Helfern, verschlechtert werden.

Vor der Desinstitutionalisierung wären diese neuen chronischen Patienten dauerhaft hospitalisiert worden, oftmals direkt im Rahmen ihrer ersten Krankheitsphase in der Jugend oder im frühen Erwachsenenalter, spätestens aber nach der nächsten Dekompensation. Nachdem sie an den Schwierigkeiten des Lebens in der Gesellschaft gescheitert waren, wurden sie diesem Streß nicht mehr ausgesetzt: Sie erhielten im Krankenhaus ein permanentes "Asyl" abseits der Anforderungen der Welt.

Heutzutage sind Krankenhausaufenthalte kurz. In diesem Sinne ist die Mehrzahl der "neuen Langzeitpatienten" ein Produkt der Desinstitutionalisierung. Das soll nicht bedeuten, daß wir die Uhr zurückdrehen und zum System der Dauerhospitalisierung für alle chronisch kranken Patienten zurückkehren sollen. In der Gemeinde können die meisten dieser Patienten etwas sehr Wertvolles erleben nämlich ihre Freiheit, und zwar in dem Maße, wie sie damit umgehen können. Sie können sich mit entsprechender Unterstützung weiter entwickeln und persönliche Ziele erreichen.

Nichtsdestoweniger haben wir in den Vereinigten Staaten gelernt, daß diese Generation junger psychisch Kranker die größte Herausforderung nach der Desinstitutionalisierung bedeutet, weil sie die schwierigsten klinischen Probleme mit in die Gemeinde bringt. Durch sie hat die Zahl der obdachlosen psychisch Kranken oder psychisch Kranken in Gefängnissen deutlich zugenommen (Pepper et al 1981; Lamb 1984).

4. Probleme der Behandlung in der Gemeinde

Vor nur 4 Dekaden gab es keinerlei psychotrope Medikamente, um diese Menschen aus ihrer autistischen Welt zu holen und ihnen dabei behilflich zu sein, in der Gemeinde zu leben. Aber auch heute noch nehmen viele Patienten diese Medikamente nicht ein, entweder weil störende Begleiteffekte auftreten, weil sie ihre Krankheit leugnen oder weil sie Angst vor Spätfolgen (tardiven Dyskinesien) haben. Andere vermeiden durch die Ablehnung der Medikamente die ernüchternde Auseinandersetzung mit der eigenen Lebenssituation. Grandiositätsgefühle und eine psychotische Vernebelung der Realität können für sie das Leben erträglicher als eine durch Medikamente bedingte realistische Sichtweise (van Putten et al. 1976) erscheinen lassen.

Viele dieser "neuen chronischen Patienten" neigen dazu, ihre Behandlungsbedürftigkeit zu verleugnen und eine Identität als psychiatrische Langzeitpatienten abzulehnen (Minkoff 1987). Die psychische Erkrankung anzuerkennen, erscheint ihnen wie das Eingeständnis des Scheiterns, sich betreuen zu lassen wie der Eintritt in die Armee der Verlierer (Lamb 1982). Viele dieser Patienten weisen einen primären Suchtmittelmißbrauch auf und/oder medizieren sich mit Straßendrogen (Minkoff und Drake 1991). Als weiterer Faktor, der zur Behandlungsverweigerung beiträgt, kann die natürliche, auflehnend-rebellische Art der Jugend angesehen werden.

Die Probleme verschärfen sich für jene, deren Krankheit ernsterer Natur ist. Dies wird durch die Schwierigkeiten der obdachlosen psychisch Kranken anschaulich gemacht. Es wird nach und nach deutlich, daß diese "homeless mentally ill" schwerer krank sind als die übrigen psychisch Kranken. Am Bellevue Hospital in New York City werden nahezu 50% der obdachlosen Patienten zu Langzeitbehandlungen in staatliche Krankenhäuser verlegt, dagegen nur 8% der anderen Patienten dieser Klinik (Marcos et al. 1990). (Angemerkt sei an dieser Stelle, daß gerade im Staate New York die starken Gewerkschaften der Angestellten der staatlichen Krankenhäuser deren Verkleinerung und Schließung deutlich verlangsamt haben.)

5. Die Perspektive der staatlichen Krankenhäuser

Im Rahmen der berechtigten Kritik an Mißständen und antitherapeutischen Aspekte der staatlichen Krankenhäuser in den Vereinigten Staaten wurde übersehen, daß diese Krankenhäuser einige sehr wichtige Funktionen für chronisch und schwer kranke Patienten erfüllen. Der Begriff "Asyl" ist in vielerlei Hinsicht zutreffend, weil diese wirklich nicht optimalen Einrichtungen tatsächlich ein Asyl oder ein Zufluchtsort vor den Belastungen der Welt darstellen, mit denen die meisten Patienten in unterschiedlichen Maßen nicht umzugehen vermochten (Lamb und Peele 1984). Ferner stellten diese Einrichtungen Dienstleistungen wie medizinische Betreuung, die fortlaufende Beobachtung der Patienten, Erholungsmöglichkeiten für die Familien und ein soziales Netzwerk für den Patienten ebenso wie Nahrung, Schutz und die nötige Unterstützung bzw. Struktur (Bachrach 1984; Wing 1990) zur Verfügung.

In den staatlichen Krankenhäusern waren Behandlung und Dienstleistungen an einem Platz und unter einer Verwaltung. Dagegen ist die Situation in der Gemeinde ganz anders. Dienstleistungen und Therapie werden von verschiedenen Stellen und unter komplizierten administrativen Voraussetzungen angeboten und sind auch räumlich an unterschiedlichen Orten. Schon für psychisch Gesunde kann es schwierig sein, mit der Vielzahl von bürokratischen Hindernissen umzugehen. Patienten können in der Gemeinde leichter als im Krankenhaus verlorengehen. Dort mögen sie vernachlässigt worden sein, zumindestens aber war ihr Aufenthalt bekannt.

Genau diese Probleme haben zu der Erkenntnis geführt, wie wichtig das "case management" ist. Es ist wahrscheinlich, daß viele "homeless mentally ill" nicht auf den Straßen leben würden, wenn sie von einem Case manager oder einem psychiatriekundigen Laienhelfer betreut würden, der Erfahrungen im Umgang mit chronisch psychisch Kranken hat, sich langfristig um sie kümmert und ihnen dabei hilft, erforderliche Dienste und Leistungen in Anspruch zu nehmen. Es ist in den Vereinigten Staaten ganz deutlich geworden, daß viele Funktionen des alten staatlichen Krankenhauses für die chronisch und schwer Kranken weiterhin gebraucht werden, um ihnen ein Leben in der Gemeinde zu ermöglichen.

6. Wie die Desinstitutionalisierung in den Vereinigten Staaten zustande kam

Im wesentlichen waren es drei Kräfte, die den Prozeß der Desinstitutionalisierung vorangetrieben haben:

1. Vertreter der Regierung, die glaubten, daß die Betreuung in der Gemeinde weit billiger als im Krankenhaus sein würde;

2. Professionelle Psychiatriemitarbeiter, die davon überzeugt waren, daß die Behandlung in der Gemeinde für die psychisch Kranken sehr viel besser sein würde;

3. Vertreter der Bürgerrechtsbewegung, die den psychisch Kranken ihre Rechte und ihre Freiheit zurückgeben wollten.

Jeder dieser Faktoren muß im einzelnen betrachtet werden. Der Abbau der staatlichen Krankenhäuser ist heute ein weit fortgeschrittener Prozeß. Jedoch sind Voraussagen, daß die Betreuung in der Gemeinde billiger sei, nicht eingetreten. Eine gute Behandlung in der Gemeinde kostet mindestens eben soviel wie die Krankenhausbehandlung (Weisbrod et al. 1980; Thornicroft und Bebbington 1989).

Ist die Behandlung in der Gemeinde die bessere Alternative? Die Antwort lautet ja und nein. Viele Entwicklungen der Desinstitutionalisierung sind richtig gelaufen. So haben einige Betroffene im Laufe der Zeit Erfolge in ihren Bemühungen um Unabhängigkeit, um einen Arbeitsplatz, um Intimität und Identität gehabt. Die Desinstitutionalisierung ist für sie ein Triumph gewesen. Überdies haben wir eine Menge zu der Frage gelernt, was eine gute Gemeindepsychiatrie beinhalten sollte: es sollte ein umfassendes und integriertes System für chronisch psychisch Kranke mit festgelegten Zuständigkeiten und Verantwortlichkeiten sowie adäquaten finanziellen Ressourcen vorhanden sein.

7. Bestandteile einer guten gemeindepsychiatrischen Patientenversorgung

Im Einzelnen haben wir gelernt, daß folgende Dinge vorhanden sein müssen:

- ein breites Spektrum von unterschiedlich strukturierten betreuten Wohnmöglichkeiten;

- vernetzte und gut zugängliche psychiatrische und rehabilitative Dienste, möglichst auch mit mobilen Teams;

- verfügbare und zugängliche Krisendienste;

- verbindliche Absprachen darüber, wer für die in der Gemeinde lebenden chronisch Kranken zuständig und verantwortlich ist.

Es muß sichergestellt werden, daß jeder Patient einen Betreuer (case manager) hat, der für die Durchführung der notwendigen psychiatrischen und medizinischen Maßnahmen verantwortlich ist und zusammen mit dem Patienten einen Behandlungs- und Rehabilitationsplan formuliert. Dieser beinhaltet die Pharmakotherapie, die psychosoziale Betreuung und alltagspraktische Hilfen (Talbott und Lamb 1984).

Eine Betreuung wird auch zur Entlastung der Familien gebraucht, in denen mehr als 50% der chronisch Kranken in den Vereinigten Staaten leben. Diese Betreuung muß ihre Möglichkeiten verbessern, ihren psychisch kranken Angehörigen zu unterstützen. Die gesamte Last der Desinstitutionalisierung darf nicht den Familien aufgebürdet werden.

Ein anderes Problem ist das der unfreiwilligen Behandlung. Es besteht sowohl bei der Einweisung wegen einer akuten Krise als auch bei der kleinen Zahl von chronisch und schwerst psychisch Kranken, die einer mittel- oder langfristigen stationären Behandlung bedürfen. Wir würden es natürlich vorziehen, wenn alle unsere Behandlungen auf freiwilliger Basis zustande kommen würden. Unsere klinische Erfahrung zeigt uns jedoch deutlich, daß ein System ohne unfreiwillige Behandlungen für viele eine dringend notwendige Therapie unmöglich machen würde.

Unglücklicherweise hat sich der Aufbau eines solchen umfassenden und integrierten Behandlungssystems für die chronisch psychisch Kranken in den Vereinigten Staaten als sehr viel schwieriger erwiesen als vorausgesehen. Ein großer Teil der vielen hunderttausend chronisch psychisch Kranken hat in der Gemeinde keine gute Betreuung gefunden. Weiter glaube ich, daß wir einige Patienten entlassen haben, die in der Gemeinde nicht wirklich effektiv behandelt werden können. Wahrscheinlich benötigt ein nur kleiner Teil von Langzeitkranken mittel- oder langfristig eine hochstrukturierte, geschlossen durchgeführte Rund-um-die-Uhr-Betreuung (Dorwart 1988; Gudeman und Shore 1984).

Wing (1986) schätzte die Zahl der Betten für Langzeitpatienten in Großbritannien auf 53 pro 100.000 Einwohnern. Das ist deutlich mehr als die momentanen 41 Betten pro 100.000 Einwohner in den Vereinigten Staaten. Dort finden wir Personen, die durch folgende Probleme charakterisiert werden können: fremd- und selbstgefährdendes Verhalten; erhebliche psychopathologische Auffälligkeiten; unangemessenes Sozialverhalten; massive Widerstände, Psychopharmaka zu nehmen; Unfähigkeit, sich auf offene Settings einzustellen; Probleme mit Alkohol- und Drogen. Behandlungsversuche dieser Patienten in der Gemeinde zeigten, daß sie unverhältnismäßig viel Zeit und Kraft der Betreuer und verschiedenster sozialer Einrichtungen in Anspruch nahmen und darüber hinaus häufig auch die Justiz beschäftigt. Viele schwierige Patienten fielen aus der für sie nicht ausreichenden Betreuung heraus und leben jetzt auf der Straße oder im Gefängnis. Aber auch einige professionelle Helfer wurden erheblich ernüchtert. Unglücklicherweise sind über die hitzige Debatte der Frage, ob man mittel- oder langfristige Hospitalisierungen überhaupt durchführen soll, die Vorteile der Gemeindebehandlung

für die große Mehrzahl der Langzeitkranken, die kein hochstruktu-
riertes 24-Stunden-Betreuungsangebot brauchen, aus den Augen
verloren worden.

Der Ort einer Behandlung sollte kein ideologisches Problem sein.
Es ist eine Entscheidung, die sich am besten auf den Bedürfnissen
jeder einzelnen Person begründet. Unglücklicherweise haben die
Diskriminierungen um die Desinstitutionalisierung in der Praxis zu
oft die Frage des Ortes und die Frage der Qualität der Behandlung
verwechselt (Bachrach 1978; Minkoff 1987). So wollte der Staat
Vermont tatsächlich in den späten 80iger Jahren sein letztes staatli-
ches Krankenhaus schließen, *"weil dies bei ungefähr gleichen
Kosten zu besseren Diensten* (in der Gemeinde) *führen würde"*
(Carling et al 1987). Der heftige Widerstand von Klinikern im
ganzen Staate erzwang den Verzicht auf dieses Abenteuer. Die
Behandlung in der Gemeinde wurde fast per Definition als die
bessere Alternative zur Krankenhausbehandlung angesehen.
Tatsächlich aber gibt es schlechte Behandlungen sowohl im
Krankenhaus als auch in der Gemeinde.

8. Schlußfolgerungen

Bei vielen Kollegen in anderen Ländern besteht die Neigung, sich an
den U.S.-amerikanischen Erfahrungen und insbesondere an den erfolgreichen Gemeindeprogrammen für die Behandlung chronisch und
schwer Kranker zu orientieren. Allerdings ist die entscheidende
Frage nicht nur, wie effektiv diese Programme sind, vielmehr muß
auch gefragt werden, welchen Teil der Gesamtpopulation sie
tatsächlich erreichen. Falls einige wenige tausend Kranke gut versorgt werden, während viele Zehntausend nicht einmal eine Basis-
betreuung erhalten, muß der erste Eindruck unbedingt hinterfragt
werden. Wir wissen, daß die Resultate der Gemeindebehandlung im

einzelnen sehr eindrucksvoll sein können. Aber nach all den Jahren ist nicht belegt worden, daß eine gute gemeindepsychiatrische Betreuung in dem Umfang aufgebaut werden kann, um viele hunderttausend chronisch und schwer Kranke in diesem Land einzuschließen.

Wir haben in den Vereinigten Staaten gelernt, daß man bei der Verkleinerung und Schließung der psychiatrischen Krankenhäuser nicht nur an die dort stationär behandelten Langzeitpatienten denken muß. Vielmehr muß auch die nächste Generation der jüngeren psychisch Kranken berücksichtigt werden, die voraussichtlich keine Karriere als langzeithospitalisierte Patienten mehr erleben werden.

Für diese letzte Gruppe ist es wichtig, daß es "case manager" gibt, die ihre Probleme und ihre Bedürfnisse wirklich verstehen. Die Erfahrung zeigt, daß solche Programme für eine erfolgreiche Arbeit einen Schlüssel von 1 Mitarbeiter auf 10 Patienten benötigen. Ferner sind eine Reihe von betreuten Wohnangeboten mit ausreichender Struktur erforderlich. Durch case management, geeignete Wohnangebote und ambulante Behandlung können unfreiwillige Behandlungen erheblich reduziert werden. Dennoch muß die grundsätzliche Bereitschaft bestehen, dringend notwendige Behandlungsmaßnahmen im Einzelfall auch gegen den Willen der Betroffenen durchzusetzen. Ferner muß man akzeptieren, daß es eine kleine Gruppe chronisch und schwerst Kranker gibt, die nicht außerhalb des Krankenhauses betreut werden können.

Schließlich hat uns die Desinstitutionalisierung in den Vereinigten Staaten schmerzhaft daran erinnert, daß wir uns in der Behandlung chronisch psychisch Kranker mehr durch die klinische Realität als durch vorgefaßte Ideologien leiten lassen müssen. Wir wünschen allen Patienten, unabhängig zu wohnen, frei zu sein und sozial integriert zu leben. Verschlechterungen und Rezidive ihrer Krankheit werden uns deutlich vor Augen führen, daß sie ihrerseits mehr oder minder abhängig wohnen, daß sie eng betreut werden müssen und nur marginal am Leben teilnehmen können. Wir müssen unsere klinischen Beobachtungen ernst nehmen, ob sie nun unsere liebsten Überzeugungen und Wünsche bestätigen oder nicht. Das gilt für die Frage, ob Krankenhaus oder Gemeinde, ob Unabhängigkeit oder Abhängigkeit, ob Freiheit oder Einschränkungen der Freiheit, ob volle Partizipation am gesellschaftlichen Leben oder Asylierung und beschützte Lebensräume in der Gemeinde. In den Vereinigten Staaten haben wir wiederentdeckt, daß wir unsere Überzeugungen durch das bestimmen lassen müssen, was wir mit unseren Patienten klinisch erfahren, und nicht umgekehrt unsere vorformulierten Theorien bestimmen lassen, was wir mit ihnen tun.

Literatur:

Bachrach, L. L.: A conceptual approach to deinstitutionalization. Hospital & Community Psychiatry 29 (1978): 573-578

Bachrach, L. L.: Asylum and chronically ill psychiatric patients. American Journal of Psychiatry 141 (1984): 975-978

Carling, P. J., S. Miller, L. Daniels et al: A State Mental Health System With No State Hospital: The Vermont Feasibility Study. Hospital & Community Psychiatry 38 (1987): 617-623

Dorwart, R. A.: A ten-year follow-up study of the effects of deinstitutionalization. Hospital & Community Psychiatry 39 (1988): 287-291

Gudeman, J., M. Shore: Beyond deinstitutionalization. New England Journal of Medicine 311 (1984): 832-836

Hopper, K., E. Baxter, S. Cox: Not making it crazy: The young homeless patients in New York City. In: New Directions for Mental Health Services Number 14 (eds B. Pepper, H. Ryglewicz) pp. 33-42. San Francisco: Jossey-Bass, Inc. 1982

Lamb, H. R.: Young adult chronic patients: the new drifters. Hospital & Community Psychiatry 33 (1982): 465-468

Lamb, H. R. (ed.): The Homeless Mentally Ill. Washington, D.C.: American Psychiatric Association 1984

Lamb, H. R., R. Peele: The need for continuing asylum and sanctuary. Hospital and Community Psychiatry 35 (1984): 798-802

Marcos, L. R., N. L. Cohen, D. Nardacci et al: Psychiatry takes to the streets: The New York City initiative for the homeless mentally ill. American Journal of Psychiatry 147 (1990): 1557-1561

Minkoff, K.: Beyond deinstitutionalization: a new ideology for the postinstitutional era. Hospital and Community Psychiatry 38 (1987): 945-950

Minkoff, K., R. Drake (eds): Dual Diagnosis Of Major Mental Illness And Substance Disorder. New Directions for Mental Health Services Number 50: San Francisco: Jossey-Bass, Inc. 1991

Pepper, B., M. Kirshner, H. Ryglewicz: The young adult chronic patient: overview of a population. Hospital and Community Psychiatry 32 (1981): 463-469

Talbott, J. A., H. R. Lamb: Summary and Recommendations. In The Homeless Mentally Ill (H. R. Lamb), pp. 1-10. Washington, DC: American Psychiatric Association 1984

Thornicroft, G., P. Bebbington: Deinstitutionalisation - from hospital closure to service development. British Journal of Psychiatry 155 (1989): 739-753

Van Putten, T., E. Crumpton, C. Yale: Drug refusal in schizophrenia and the wish to be crazy. Archives of General Psychiatry 33 (1976): 1443-1446

Weisbrod, B. A., M. A. Test, L. I. Stein: Alternative to Mental Hospital Treatment: Economic Benefit-Cost Analysis. Archives of General Psychiatry 37 (1980): 400-405

Wing, J. K.: The cycle of planning and evaluation. In: The Provision of Mental Health Services in Britain: The Way Ahead (eds G. Wilkonson & H. Freeman). London: Gaskell/The Royal College of Psychiatrists 1986

Wing, J. K.: The functions of asylum. British Journal of Psychiatry 157 (1990): 822-827

II. NEUE ANSÄTZE IN DER REHABILITATION SCHIZOPHRENER PATIENTEN IN EINER PSYCHIATRISCHEN VERSORGUNGSKLINIK

Andreas Crome, Christel Hopt und Holger Lankes

Einleitend werden Anzahl und Merkmale sog. "chronisch-akut" schizophrener Patienten in einer definierten, gemeindepsychiatrisch relativ gut versorgten Region beschrieben. Die therapeutische Begleitung dieses Patienten stellt nach wie vor hohe Anforderungen an die Qualität der professionellen Betreuung. Paradigmatische Fragen wie die der Gestaltung des Milieus, der individuellen Therapieplanung und -durchführung, der psychologischen Belastung der Mitarbeiter müssen immer wieder neu gestellt und modifizierend beantwortet werden. Mehrjährige Erfahrungen mit einem sich wandelnden spezialisierten Behandlungskonzept für diese Patientengruppe werden dargestellt und daraus Konsequenzen bzw. Empfehlungen für die Praxis abgeleitet.

1. Einleitung

In der therapeutischen Arbeit mit sog. "chronisch-akut" schizophrenen Patienten hat die Westfälische Klinik für Psychiatrie und Neurologie Lengerich für den Kreis Steinfurt die stationär psychiatrische Versorgungsverpflichtung. Die Klinik versorgt eine relativ ländliche Region mit 380.000 Einwohnern im Nordwesten Nordrhein-Westfalens. Diese Region ist durch ein differenziert aufgebautes Netz von komplementären und ambulanten Einrichtungen gekennzeichnet, welches auch auf die Bedürfnisse schwerer psychisch Kranker im allgemeinen gut zugeschnitten ist. Eine gemeinsame Orientierung hat sich in den letzten 10 bis 20 Jahren als allgemeiner Grundsatz für alle Einrichtungen ausgebildet: es soll vermieden werden, schwierige Patienten aus dem Landkreis in andere Regionen oder in unqualifizierte Langzeiteinrichtungen zu verlegen.

Die Gesamtzahl der Patienten mit einer stationären Verweildauer von mehr als einem Jahr betrug an einem Stichtag im Herbst 1991 56. Das entspricht einer Prävalenzrate von 14,7 pro 100.000 Einwohner. In diagnostischer Hinsicht überwogen bei weitem die funktionellen Psychosen (n = 40 i.e. 71,4 %, entsprechend einer Prävalenzrate von ungefähr 10,1 pro 100.000 Einwohner). Hierbei handelt es sich ausschließlich um Patienten, bei denen die Diagnose einer schizophrenen Psychose gestellt wurde. Diese 40 Patienten lassen sich in zwei Gruppen unterteilen. Eine Gruppe von Patienten in der zweiten Lebenshälfte und einer Aufenthaltsdauer im Krankenhaus von über 20 Jahren hätte bei energischeren rehabilitativen Bemühungen in früheren Jahren vielleicht noch aus dem Krankenhaus entlassen werden können. Die zweite, kleinere Gruppe bilden die sog. chronisch-akuten Patienten. Diese Patienten leiden mehr oder minder ständig an produktiven psychotischen Symptomen wie Sinnestäuschungen, Wahngedanken, Denkstörungen und immer wieder auftretenden Erregungszuständen und reagieren schon bei kleinen Veränderungen in ihrer täglichen Umgebung mit einer erheblichen Verstärkung ihrer Symptomatik.

2. Das Konzept der Station: "Aufmerksame Ruhe"

Seit 1984 haben wir eine spezielle Station mit 12 Plätzen und einer zugehörigen Wohngemeinschaft mit 2 Plätzen für diese Patientengruppe eingerichtet. Neun von ihnen stammen aus dem von uns versorgten Landkreis mit 380.000 Einwohnern. Das Durchschnittsalter der Patienten liegt bei 36 Jahren, die durchschnittliche Aufenthaltsdauer im psychiatrischen Krankenhaus bei 11 Jahren. Wir hatten uns bei Gründung der Station 1984 vorgenommen, diese Patienten nicht mehr dem ständigen Druck auszusetzen, der durch wiederholte Entlassungen   und   Wiederaufnahmen   nach   gescheiterten Rehabilitationsversuchen in der Gemeinde entstanden war, sondern sie in einer kleinen Station, in einem beruhigenden, reizarmen Milieu mit ausreichenden Rückzugmöglichkeiten zu versorgen. Das Klima der Station beschreiben wir gerne mit dem "der aufmerksamen Ruhe", d. h., wir gewähren den erheblich verletzlichen Patienten ausreichend Rückzugräume und respektieren oft sehr weitgehend, daß sie aufgrund ihrer Erkrankung streckenweise fast nichts selbständig unternehmen können. Dies hat in einzelnen Fällen so weit geführt, daß wir schwerkranken psychotischen Patienten mit der bekannten Rückzugstendenz in das Bett eine Zeitlang dadurch entgegenkamen, daß wir ihnen das Frühstück dort servierten, was für eine psychiatrische Klinik ungewöhnlich ist. "Aufmerksame Ruhe" heißt aber in diesem Zusammenhang auch, daß das Team maximal aufmerksam ist, wenn es darum geht zu erkennen, daß ein Patient wieder mehr am gesunden Leben teilnehmen kann. Dann muß das Team dem Patienten mit seinen Förderungsmöglichkeiten zur Seite stehen und auch wieder Verantwortung abgeben. Auch bei diesen schwerkranken Patienten zeigt sich, daß sie durchaus immer wieder und länger andauernd gesunde Ich-Anteile mobilisieren können, die beachtet und gezielt gefördert werden müssen.

Bei der therapeutischen Konzeption der Station gingen wir bei der Gründung von folgender Leitlinie aus: Das Milieu sollte geschützt, weitgehend repressionsarm gestaltet und von einer akzeptierenden Grundhaltung gekennzeichnet sein. Provozierende Stressoren und angsterregende Elemente sollten möglichst reduziert sein. Diese Überlegungen basieren auf Forschungsergebnissen von Leff (1984), der feststellen konnte, daß in einem wohlwollenden, stimuluskontrollierten Milieu schizophrene Rezidive signifikant seltener vorkommen als in einem fordernden, provozierenden Milieu, sei es ein therapeutisches oder familiäres.

Im ersten Jahr der Stationsarbeit kristallisierte sich das methodische Vorgehen für die individuelle Therapieplanung und die sozialtherapeutischen Maßnahmen heraus. Für jeden Patienten wird ein integriertes Behandlungskonzept erstellt. Hierzu gehören:

- eine individuelle Therapieplanung mit Zielen und Teilzielen, die bei positiver Erwartung vom Team als realistisch eingeschätzt werden,

- eine klare Tagesstrukturierung mit Tages- und Wochenplan, therapeutische Einzel- und Gruppenaktivitäten,

- eine neuroleptische Einstellung bei fast allen Patienten in Form einer Monotherapie. Bei einer Neuroleptikagabe über Jahre mit dem Risiko von Spätdyskinesien behandeln wir überwiegend mit Clozapin,

- eine vorwiegend stützend orientierte Psychotherapie.

Wesentliche Ziele der Behandlung sind:

- die Begleitung von Loslöseprozessen von der Ursprungsfamilie,

- die Bearbeitung nicht integrierter lebensgeschichtlicher Erfahrungen,

- Aufbau von Selbstwertgefühl, Stützung gesunder Ich-Anteile,

- Neutralisation und "Verflüssigung" von aggressiven und auto-
destruktiven Impulsen,

- Spiegelung selbst kleinster positiver Veränderungen,

- Positivierung psychotischer Inhalte im Sinne einer "dialogischen
Positivierung" Benedettis (1983).

3. Die Sicht der Patienten

Um der Frage nachzugehen, wie die Patienten ihre Situation und die
Behandlung erleben, haben wir auf der Station Patienten und auch
das Team zu ihren aktuellen Eindrücken, ihren Zukunftsplänen und
Wünschen befragt. Vierzehn Patienten wurden im Einzelgespräch zu
10 Bereichen befragt. Die Untersuchung wurde von den Patienten
durchgehend positiv aufgenommen, wenn auch einige das Beantworten der Fragen als anstrengend erlebt haben. In diesen Fällen
vereinbarten wir Unterbrechungen oder längere Pausen. Das Stati-
onsteam wurde in mehreren Teamsitzungen gemeinsam befragt.

Von 7 Patienten, die sich ein Leben zukünftig bei ihrer
Herkunftsfamilie wünschen, haben noch 5 Patienten ein reales
Zuhause (Eltern). Eine Rückkehr dorthin wird vom Team jedoch als
unrealistisch angesehen. Zwei Patienten haben schon über 20 Jahre
keinen Kontakt mehr zu ihren ehemaligen Lebenspartnern, glauben
aber dennoch an eine gemeinsame Zukunft. Einer dieser Patienten
äußerte: "Ich möchte mit meiner Frau in Recklinghausen am
Hallenbad wohnen. Dort ist ein großer Sandkasten für Kinder, ich
möchte mit meiner Frau noch 2 Kinder bekommen". Ein anderer
Patient glaubt an das Zusammenleben mit einer ehemaligen
Geliebten.

Die Realität wird von der Hälfte der Patienten für den Zu-
kunftsentwurf zu einem Bild transformiert, in dem die Familie, ein

Zusammenleben mit Partnern rekonstruiert wird. Dieses Bild spiegelt eine projektive Abwehr gegen Gefühle von Alleinsein, Verlassen- und Verlorensein.

Sechs Patienten wünschen sich, in einer Wohngemeinschaft oder Privatwohnung alleine zu leben. Bemerkenswerter Weise möchte nur 1 Patient dauerhaft im psychiatrischen Krankenhaus verbleiben.

Der Wunsch, in Zukunft arbeiten zu wollen, wird von 2/3 der Patienten geäußert. Zur Zeit arbeitet die Hälfte der Patienten entweder in einer Werkstatt für psychisch Kranke oder in der Bäckerei, Korbflechterei und der Arbeitstherapie des Krankenhauses bei der Montage von Fensterrahmen.

Die Vorstellungen über zukünftige Freizeitaktivitäten sind recht bunt und reichhaltig. Neben schon praktizierten Aktivitäten wie z. B. Fahrradfahren, Kinobesuch, Handarbeiten, Musikhören, gibt es Wünsche, die aufgrund von Kontaktängsten und Antriebsminderung bisher nicht realisiert werden konnten, so z. B. der Besuch einer Diskothek.

Die Patienten erleben die Stationsmitarbeiter als überwiegend "positiv". Positive Voten finden sich doppelt so häufig wie negative. Kritik an den Mitarbeitern wird öfters versteckt geäußert, wie: "sie sind nicht zu streng, ich komme schon klar". Ein Patient fühlt sich von den Stationsmitarbeitern angegriffen und erlebt alle als seine Feinde. Einem Patienten gelingt es in besonderer Weise, zwischen seiner inneren Befindlichkeit und möglichen Abwehrmechanismen gegenüber dem Team zu unterscheiden, indem er sagt: "Ich kann ihnen keine Schuld zuweisen für meine Angst".

Bei der Erhebung der Häufigkeit von Angehörigenkontakten stellte sich heraus, daß erfreulicherweise inzwischen die Hälfte der Patienten häufiger Besuch erhält, 3 Patienten jedoch keinen Besuch mehr in der Klinik bekommen. Die seit 4 Jahren bestehende, mehrfach im Jahr tagende Angehörigengruppe hat zu einer deutlichen

Verdichtung von Angehörigenkontakten beigetragen. Viele Angehörige zeigen sich zu regelmäßigen Beurlaubungen der Patienten bereit
, nachdem sie Berührungsängste reduzieren konnten und insbesondere Handlungsstrategien des Pflegepersonals im Umgang mit
Problemsituationen übernehmen konnten.

4. Die Sicht des therapeutischen Teams

Wie empfinden, wie gestalten die Mitarbeiter die Stationsatmo-
sphäre? Das Team versucht, ein Klima von Freundlichkeit, Behut-
samkeit und Aufmerksamkeit, familiärer Fürsorglichkeit, Sicherheit,
Verläßlichkeit, Klarheit und Eindeutigkeit auszustrahlen. Die Mitarbeiter sehen sich gegenüber den Patienten in fluktuierenden Rollen:
als Partner, als schützende, versorgenden Elterninstanz, als Freund,
aber auch punktuell in der Rolle einer Autorität, die Grenzen setzen
kann.

Die kleinen Erfolge auch über den Zeitraum von Jahren oder gar
Jahrzehnten zu sehen, wo sich Eindrücke ins Unscharfe verwischen,
erfordert nach Ansicht des Teams Beobachtungsgabe, Erfahrung und
viel geduldiges Suchen und Abtasten.

Gegen Monotonie und Anpassung in der Institution glaubt sich
das Team durch 'Auflockerung' des Stationsalltags zu schützen.
Hierbei empfinden es die Mitarbeiter als wichtig, das Krankenhaus
mit den Patienten zu verlassen, z.B. ins Restaurant zu gehen, auf
dem Markt für das Kochen am Wochenende einzukaufen, in den Zoo
oder ins Kino zu gehen, Fahrrad zu fahren oder in den Urlaub zu
fahren. Als wesentlich wird ein Austausch mit anderen Teams, in
größeren Abständen auch mit einem Team einer anderen Klinik, der
Rheinischen Landesklinik Langenfeld, gesehen. Darüber hinauswird
die Notwendigkeit von Fortbildungen betont. Für 2 Kolleginnen ist
das Arbeiten in einer Halbtagstätigkeit ein wichtiger Schutz.

Interessant ist, daß das Team seit längerer Zeit darüber nachdenkt, seine therapeutischen Aufgaben nicht mehr in einer Stationsgruppe zu leisten, sondern eher in einer Villa außerhalb der Klinik. Die Mitarbeiter glauben, daß dann die gesunden Anteile der Patienten noch besser gefördert werden könnten. Eine weitere zukünftige Möglichkeit ist die längerfristige ambulante Nachbetreuung durch Teammitglieder.

5. Die Zusammenarbeit mit den Angehörigen

Die in der Peripherie fast verborgenen Angehörigen rückten zunehmend in den Mittelpunkt von Interesse und Auseinandersetzung. Bei der Vermittlung eines Krankheitskonzeptes für "chronisch-akute" schizophrene Patienten stellen wir den Angehörigen Vulnerabilitäts-Streß-Coping-Modelle (Zubin u. Spring 1977, Nüchterlein und Dawson 1984), verschiedene Verlaufsformen und Langzeitentwicklungen bei schizophrenen Erkrankungen (Ciompi 1984) vor. Hierbei wurde unsererseits der Blick nicht auf die Symptomfreiheit gelenkt, sondern auf das "Ziel" Lebensbewältigung auf einem noch zu entdeckenden Weg.

Die Ergebnisse der Expressed-emotion-Forschung (Vaughn & Leff 1976, Leff & Vaughn 1985) wurden von uns in der Angehörigengruppe und in einzelnen Familiengesprächen ausführlich beschrieben. Für die drei Variablen: *Kritische Äußerungen dem Patienten gegenüber*, *Feindseligkeit*, *emotionales Überengagement* konnten alternative Zuwendungsstrategien erarbeitet werden. Dazu zählen positive Gefühle, Wahrung der Gelassenheit, Gewährung von Autonomie und Rückzug in eine private Sphäre. Diese Strategien wurden im Rahmen von Beurlaubungen nach Hause konkretisiert und nachbesprochen.

Ein weiteres Ziel war es, die Angehörigen für die Wahrnehmung von Schwankungen der Symptomatik zu sensibilisieren. Während bei der Rezidivprophylaxe von Patienten mit psychotischen Episoden die Identifikation von Frühwarnzeichen von Bedeutung ist, gilt es bei "chronisch-akut" schizophrenen Patienten eine Intensivierung und Verdichtung der Symptomatik frühzeitig zu erkennen. Hier ergibt sich für die Angehörigen die Chance, auf die Suche nach protektiven Faktoren zu gehen, sich als Partner in der Behandlung zu erleben, Einfluß zu nehmen.

Breiten Raum haben wir uns mit Angehörigen genommen, vorhersehbare Stressoren im Vorfeld zu entschärfen. Bei einem Patienten kam es bei Wochenendbeurlaubungen häufig zu Beschimpfungen und Androhungen, da er es ablehnte, zuhause zu baden. Wir konnten die Familie von diesem Kampf entlasten, indem der Patient bereit war, vor Beurlaubungen in der Klinik zu baden. Angehörige eines anderen Patienten lernten, ihren Sohn zum Einkauf von Kleidung alleine in die Stadt gehen zu lassen. Zuvor war es meist in Geschäften bei der gemeinsamen Suche nach Kleidung zu Streit und Reibereien gekommen.

6. Schlußfolgerungen

Ein spezialisiertes Angebot für "chronisch-akut" schizophrene Patienten bietet aus unserer Sicht deutliche Vorteile. Durch mehr Schutz, Reizabschirmung in einer für den Patienten überschaubaren Stationseinheit mit Kontinuität der therapeutischen Begleitung gelingt es uns eher, hoch vulnerablen Patienten in ihrer Existenz zu begegnen, findet sich eine tragfähige Grundlage für die Einpflanzung gesunder Selbstanteile.

Besonderes Augenmerk ist nach unserer Erfahrung auf Regressionsformen zu richten, die in Hospitalismen münden oder - vom Pa-

tienten ausgehend - das Team miteinschließen können. Insofern ist
es wichtig, einen eigenen Rückzugsraum bzw. eine Wahrnehmungs-
mündigkeit zu haben, die die Bearbeitung eigener aggressiver Im-
pulse einschließt.

Daß trotz der langen Verweildauer alle Patienten (bis auf einen)
die Klinik verlassen wollen, war für uns ein nicht erwartetes Ergebnis. Dies motiviert uns, der Außenorientierung unserer Arbeit eine
noch größere Präferenz einzuräumen und das Vorhaben anzugehen,
mit der Station aus dem Krankenhaus auszuziehen.

Wenn es uns gelingt, "chronisch-akut" schizophrene Patienten mit
einem differenzierten Behandlungsangebot in einem geschützten Milieu länger zu begleiten, wenn es ferner möglich ist, die Angehörigen für eine Behandlungspartnerschaft zu gewinnen und mit Hilfe
professioneller Dienste neue soziale Netzwerke zu knüpfen, können
wir auch für diesen *harten Kern* schizophrener Menschen einen Weg
aus dem Krankenhaus bahnen.

Literatur:

Benedetti, G.: Todeslandschaften der Seele, Psychopathologie, Psychodynamik und Psychotherapie der Schizophrenie. Göttingen: Vandenhoeck & Ruprecht 1983

Ciompi, L.: Zum Einfluß sozialer Faktoren auf den Langzeitverlauf der Schizophrenie. Schweiz Arch Neurol Neurochir Psychiatr 135 (1984): 101-113

Leff, J.: Die Angehörigen und die Verhütung des Rückfalls. In: H. Katschnig (Hrsg:): Die andere Seite der Schizophrenie. Patienten zu Hause. Urban & Schwarzenberg, München (1984): 167 - 180.

Leff, J.P., Vaughn, C.E.: Expressed Emotion in Families. New York: Guilford Press 1985

Nuechterlein, K.H. & Dawson, M.E.: A heuristic vulnerability/stress model of schizophrenic episodes. Schizophrenia Bulletin 10 (1984): 300 - 312.

Vaughn, C.E., Leff J.P.: The influence of family and social factors on the course of psychiatric illness: A comparison of schizophrenic and depressed neurotic patients. British Journal of Psychiatrie 129 (1976): 125 - 137.

Zublin, J., Spring, B.: Vulnerability: A new view of schizophrenia. Journal of abnormal Pschology 96 (1977): 103 - 126.

III. REHABILITATION CHRONISCH PSYCHISCH KRANKER: SUBJEKTIVE UND OBJEKTIVE EVALUATION

Bernd Eikelmann und Thomas Reker

Empirische Untersuchungen zum Thema Rehabilitation sind nicht in ausreichender Zahl und Qualität vorhanden. Vorliegende Studien weisen nicht selten methodische Mängel auf. Dabei ist der Untersuchungsgegenstand in der gegenwärtigen Situation von großer Bedeutung. Diese Studie untersucht 53 Rehabilitanden prospektiv über 5 Jahre. Insbesondere gingen wir der Frage nach, welche Patienten erfolgreich rehabilitiert und sozial integriert werden konnten. Ferner fragten wir die Patienten, wie sie selbst die eingetretenen Veränderungen bewerteten. Die subjektive Zufriedenheit war ebenso wie das Maß an sozialer Integration relativ gut, wenngleich besonders die anhaltende psychische Symptomatik, Arbeits- bzw. Beschäftigungslosigkeit und finanzielle Probleme zu Besorgnis Anlaß gaben. Allgemein beginnen sich Verbundsysteme der nicht-klinischen Betreuung chronisch Kranker auch international durchzusetzen. Die Erfolgsevaluation stellt eine notwendige Voraussetzung für diese Entwicklung dar. Sie muß allerdings durch das Patientenurteil ergänzt werden.

1. Chronisch psychisch Kranke in der Gemeinde

Die Integration chronisch psychisch Kranker in die Gemeinde unter weitgehendem Verzicht auf eine Asylierung im Krankenhaus ist international ein inzwischen unumstrittenes Ziel der Psychiatrie geworden. Dabei ist es in einer Reihe von Studien und mit unterschiedlichen Forschungsansätzen gelungen, nicht nur die generelle Realisierbarkeit, sondern auch den Erfolg einer nicht-stationären Betreuung nachzuweisen (Literatur s. Eikelmann 1991). Vorrangig wurde in den letzten 25 Jahren jedoch der Frage nachgegangen, ob eine Unterstützung allein im sog. Wohnbereich -natürlich bei ambulanter ärztlicher Therapie- ausreicht, ob es genügt, Krankheitsrezidive und Rehospitalisierungen zu verhindern. Diese relativ einseitige Sichtweise kann jedoch keineswegs befriedigen. Auch für langfristig Kranke kann das Leben außerhalb des Krankenhauses nicht gleichbedeutend mit Rezidivfreiheit sein: vielmehr sollen chronisch psychisch Kranke nach ihren Möglichkeiten am gesellschaftlichen Leben auch teilhaben.

Bemerkenswerterweise wurde in der Forschung die Integration dieser Patienten bisher vernachlässigt. Vermutlich wird gerade bei Langzeitpatienten eine Rückkehr an einen Arbeitsplatz für unwahrscheinlich oder nicht erstrebenswert gehalten. Seit aber vermehrt jüngere, nie oder nur kurze Zeit hospitalisierte Menschen mit beginnenden chronischen Erkrankungen betreut werden, stellt sich diese Frage mit Nachdruck. Ebenso muß geprüft werden, wieweit andere Ziele, etwa die Partizipation des Kranken am kulturellen Leben einer Gemeinschaft, erreicht werden können. In diesem Zusammenhang interessieren jedoch nicht allein die objektiven Fakten.

Vielmehr ist in den letzten Jahren ein weiterer Aspekt in die Diskussion gekommen: wie erleben bzw. erleiden chronisch psychisch Kranke unter den Bedingungen der offenen gemeindenahen Psychiatrie ihre Erkrankung? Wie zufrieden sind sie mit der Behandlung, mit ihrer Wohnung, ihrer Arbeit und ihrer finanziellen Situation. Wie ist ihre Lebensqualität? Oder, von der objektiven Seite her betrachtet, wie ist ihr Lebensstandard? Wie ist ihre finanzielle Situation, wie sehen ihre Wohnungen aus?

2. Literatur im Überblick

Am Anfang der Diskussion um die Gemeindepsychiatrie stand die viele Psychiater einigende Ablehnung des inhumanen psychiatrischen Großkrankenhauses (Goffman 1972). Gleichzeitig herrschten überaus optimistische Vorstellungen vor, was die Möglichkeiten einer Betreuung psychisch Kranker in der Gemeinde anlangte (vgl. Eikelmann 1991): einer sozialen Utopie ähnlich wurde vorgeschlagen, daß Psychiater und andere Professionelle die Lebensbedingungen aller Bürger in der Gemeinde durch anhaltende politische Einflußnahme so günstig veränderten, daß es psychische Krankheit kaum mehr geben könne. Diese Vorstellungen zur Primärprävention psychischer Krankheiten entbehrten jedoch schon damals jeder Grundlage. Die verbesserten biologischen und psycho- bzw. soziotherapeutischen Behandlungsmöglichkeiten schufen allerdings die Voraussetzung für die Betreuung chronisch psychisch Kranker in der Gemeinde.

Die wissenschaftliche Erforschung dessen, was in Nordamerika "Desinstitutionalisierung" (s. Kapitel 1) genannt wurde, begann Ende der sechziger Jahre. Die entscheidende Frage, die man sich dabei stellte, lautete: Ist eine Betreuung von (schwer und chronisch) psychisch Kranken unter Verzicht auf das psychiatrische Krankenhaus überhaupt realisierbar? Stehen nicht unzureichende Effektivität der Betreuung, eine fehlende Aufsicht oder andererseits die Gefährlichkeit der Kranken dagegen?

Aus einer Reihe von methodisch hochinteressanten Studien (z.B. Pasamanick 1967) sei die Untersuchung von Marx et al. (1973) angeführt. Hier wird ein Gemeindeprogramm für chronisch Kranke vorgestellt, das eine kontinuierliche, nachgehende Betreuung und Unterstützung in ganz basalen Fertigkeiten der Lebensbewältigung vorsieht. Eine zufallsausgelesene Experimentalgruppe (n=21) wurde ambulant intensiv betreut. Ihr wurde eine Kontrollgruppe aus 20 zu Beginn der Untersuchung hospitalisierten Patienten (und eine weitere Gruppe, die vom gleichen Team stationär betreut wurde) gegenübergestellt und in einem Follow-up nachuntersucht. Bei gleichem psychopathologischem Outcome war in der Experimental-Gruppe die mittlere Verweildauer im Krankenhaus erheblich geringer als in den Kontrollgruppen. Die von den o.g. Autoren durchgeführte Nachfolge-Untersuchung zur systematischen Betreuung psychisch Kranker in der Gemeinde (Test u. Stein 1980) umfaßte auch "akut" kranke Patienten, bestand aber im wesentlichen (65%) aus ambulanten Patienten mit langer psychiatrischer Vorgeschichte. Nach 14 Monaten waren aus der Experimentalgruppe lediglich 6% der Patienten gegenüber 58% der Kontrollgruppe erneut stationär behandelt worden. Die E-Gruppe war besser in Arbeit integriert, lebte unabhängiger und hatte mehr Kontakt mit Vertrauenspersonen. Auch im psychischen Befund war sie unauffälliger. Nach Abschluß des Programms wurden beide Gruppen mit der üblichen Nachsorge betreut. Bei einem Follow-up nach 28 Monaten waren die Unterschiede der ersten Nachuntersuchung nicht mehr nachweisbar. Die Zahl der notwendigen Krankenhaustage hatte sich z.B. in beiden Gruppen verdoppelt. Die Autoren ziehen daraus den Schluß, daß nur intensive und dauerhafte Gemeindeprogramme chronisch Kranke vom psychiatrischen Krankenhaus unabhängig werden lassen.

Im deutschen Sprachraum waren Untersuchungen von Ciompi und Mitarbeitern (1977-1984) an stationären Langzeitpatienten wegweisend. Sie haben gezeigt, daß ein mehrachsiges Rehabilitationssystem (Arbeit, Wohnen, Freizeit) mit aufeinander bezogenen, abgestuften Institutionen nötig ist, um das Krankenhaus für viele chronisch psychisch Kranke zu ersetzen. Zwar sei nicht zu erwarten, daß der überwiegende Teil der so Betreuten genese oder z.B. in einen "normalen" Arbeitsplatz wiedereingegliedert werde, aber es gelänge, 1/3 bis 3/4 der Probanden - abhängig von der Rehabilitationsachse und der konjunkturellen Situation - erheblich zu fördern oder auf "hohem Niveau" zu halten. Hülsmeier (1986) berichtet über Erfahrungen mit Wohngemeinschaften für psychisch Kranke. Gegenstand der Untersuchung war ein Wohngemeinschafts-Projekt mit 9 Wohnungen für 53 psychiatrische Patienten in Bern. Es handelte sich dabei zum einen um jüngere Erwachsene, die die Ablösung von zuhause noch nicht vollzogen hatten und zum anderen um eher angepaßte, langfristig Kranke aus dauerhafter Hospitalisierung. In der Gruppe der klinischen Langzeitpatienten sank die durchschnittliche jährliche Hospitalisierung drastisch, bei den jüngeren, zuvor noch nicht oft hospitalisierten Patienten stieg die Zahl der Aufnahmen zwar an, war jedoch von der Gruppe stationärer Langzeitpatienten nicht signifikant unterschieden. Hülsmeier fand eine deutliche und lineare Beziehung zur Dauer der Vorbereitung: je besser die Vorbereitung, desto erfolgreicher die Rehabilitation. Die Kosten beliefen sich auf 1/8 der Kosten der vollstationären Unterbringung bei subjektiv höherer Zufriedenheit der Patienten. Zu ähnlichen Resultaten kommt die Untersuchung von Vetter (1986).

Hubschmid und Aebi (1986) ermittelten die Ergebnisse der beruflichen Wiedereingliederung; von 121 psychiatrischen Langzeitpatienten katamnestisch nach durchschnittlich 7.6 Jahren. Von 107 erreichten Patienten lebten 76% der Probanden außerhalb psychiatrischer Institution, 67% hatten eine Arbeitsstelle. 4% der Patienten befanden sich in Übergangseinrichtungen, immerhin 20% waren hospitalisiert. 85% lebten ohne Beziehungspartner, 77% bezogen Rente. Dabei sind die vergleichsweise guten Arbeitsmarktbedingungen und die Möglichkeit der Teilrente in der Schweiz zu berücksichtigen. Angermeyer (1984) ermittelte bei 100 Übergangshaus-Bewohnern in Hannover nur bei etwa 23% ein Beschäftigungsverhältnis. Renzenbrink (1979) fand noch weniger als 10% der Rehabilitanden eines Übergangshauses in Arbeit. Allerdings betrachteten diese Untersuchungen die berufliche Wiedereingliederung als eine Art Nebenprodukt der Wohnrehabilitation. Eine Untersuchung von Reker und Eikelmann (1993) an 126 ambulanten Patienten aus 7 Arbeitstherapie-Abteilungen zeigte, daß sich im Einjahres-Zeitraum etwa 21% der Patienten auf den allgemeinen Arbeitsmarkt fortentwickelten. Rudas (1990) konnte aus einer Gesamtstichprobe von 441 Rehabilitanden 294 nach untersuchen und fand, daß knapp 45% mit unterschiedlicher Stundenzahl in bezahlte Arbeit integriert waren. Dieses besonders gute Ergebnis erlangt dadurch noch größeres Gewicht, daß es sich häufig um prognostisch ungünstige Fälle gehandelt habe. Kritischer bewertet Lorenzen (1989) die Erfolge eines stationären Rehabilitationsprogramms. Nach drei Jahren standen 45% der 130 nachuntersuchten Patienten dem allgemeinen Arbeitsmarkt nicht mehr zur Verfügung, 16% waren arbeitslos, 12% in einem beschützten Arbeitsverhältnis und 27% in regulären Arbeitsverhältnissen. Daher sind vielfältige und individuell abgestimmte Lösungen zwischen stundenweiser Beschäftigung und Vollzeiterwerbstätigkeit anzustreben. Azrin et al. (1975) propagierten - in Analogie zu den Bestrebungen bei der Wohnrehabilitation - die Gruppenbildung zur Förderung der Reintegration in das Berufsleben. Hubschmid und Schaub (1988) brachten einen Gedanken auf, der in frühen sozialpsychiatrischen

Studien bereits beleuchtet wurde (Olshansky 1959): die vielfach unerwartet positive Einstellung der Arbeitgeber, mit denen zu kooperieren lohnend sein kann. Im Ganzen dürften die Erfolgsquoten der Integration chronisch psychisch Kranker in den allgemeinen Arbeitsmarkt, abhängig von der Patientenpopulation und den Arbeitsmarktbedingungen, etwa 30 bis 50% betragen (Ciompi et al. 1977, Eikelmann 1991, Rog und Rausch 1975); selbst in den günstigen Fällen muß also die Hälfte arbeitsfähiger psychisch Kranker eine Tätigkeit außerhalb des allgemeinen Arbeitsmarktes suchen.

Systematische Untersuchungen des Freizeit-Verhaltens chronisch psychisch Kranker bzw. empirische geleitete Versuche, die Teilnahme am kulturellen und sozialen Leben zu verbessern, sind demgegenüber selten. Malm et al. (1981) konstatierten bei 36 von 40 Schizophrenen erhebliche Defizite im Bereich "Bildung und Wissen", bei "sozialen Beziehungen" kamen 38 dieser Patienten zu kurz, und im "Freizeiterleben" sogar 39 von 40 Untersuchten. Skantze et al. (1992) verglichen die "subjektiv" wahrgenommene Lebensqualität von 61 schizophrenen Patienten mit ihrem "objektiven" Lebensstandard in einer skandinavischen Stadt: die soziale Situation der Kranken wurde im Vergleich zur Bevölkerung für nicht schlecht befunden, obwohl ihre Arbeitslosigkeit erheblich (80%) war. Nur etwa 40% hatten einen Partner und allgemein erschien das Freizeitverhalten von Inaktivität gekennzeichnet. Höheres Alter, gute Bildung und Arbeitslosigkeit führten zu einer geringeren Lebenszufriedenheit. Die Patientenberichte wiesen kritisch auf die große, subjektive Bedeutung fehlender innerer Erlebnismöglichkeiten hin.

Die nicht-stationäre Rehabilitation führt, vergleichbar der tagesklinischen Behandlung, zu größerer Behandlungs- und Lebenszufriedenheit der Rehabilitanden und ihrer Angehörigen. Dieser Eindruck entsteht bei Auswertung der Literatur, wenngleich man vermuten muß, daß Studien mit umgekehrter Fragestellung, nämlich ob die Zufriedenheit im stationären Bereich nicht größer sei, selten sind (Marx et al. 1973, Herz et al. 1976, Fenton et al. 1979, Fadden et al. 1987, Hyde et al. 1987, Simpson et al. 1989, Hoffmann u. Hubschmid 1989, Pinkney et al. 1991, Gruyters u. Priebe 1992). Man kann daraus nur den Schluß ziehen, daß psychisch Kranke, ebenso wie alle anderen Bürger, eine möglichst große Autonomie höher bewerten als ein "geordnetes" und ruhiges Leben in einem zumeist streng reglementierten Krankenhaus.

Erstaunlicherweise findet sich durch viele Studien hindurch der Befund, daß die nicht-stationäre Versorgung von den Familien nicht oder nur in Ausnahmen als Zumutung und zusätzliche Belastung empfunden wird (Endicott et al. 1978, Fadden et al. 1987). Man mag sich fragen, ob sich das Urteil der Angehörigen konformistisch auf die größeren Freiheitsgrade richtet und kurzschlüssig die vermeintlich größere Effektivität einer Rehabilitation im Krankenhaus vernachlässigt. Dem ist entgegen zu halten, daß die zunehmende Berücksichtigung der Familien bei der Rehabilitationsplanung und -ausführung ihre Einflußnahmemöglichkeiten verbessert und ihre Belastung verringert hat. Hierin mag der Grund dafür liegen, daß die Urteile der Patienten in diesem Punkt mit den Auffassungen ihrer Angehörigen übereinstimmen.

Amerikanische Autoren (Anthony et al. 1977, 1980, 1984, 1986, Liberman et al. 1986, Munich u. Lang 1993) betonen gegenüber den institutionellen Lösungen die große Bedeutung von Programmen zur Rehabilitation. Programm bedeutet eine zeitlich limitierte, zumeist systematische, intensive Beeinflussung der Symptomatik oder Behinderung des Patienten in Ambulanzen, Tageskliniken oder Gemeindeeinrichtungen. Nicht selten sind modular aufgebaute Lernprogramme gemeint, mit denen die Wiedererlangung bestimmter Kompetenzen, etwa kognitiver Funktionen oder sozialpraktischer Fertigkeiten angestrebt wird (Brenner et al. 1983). Nicht zu Unrecht erfreuen sich diese Programme einer zunehmenden Beliebtheit, weil sie zum einen empirisch gut gesichert sind, zum andern Schritte zur Rehabilitation systematisch aufbereiten. Allerdings bleibt hier eine gewisse Skepsis: wie schon aus den sechziger Jahren bekannt hat die Lernkurve schizophrener Patienten einen besonderen Verlauf. Langfristige Lerneffekte sind selten, der Erfolg hängt in der Regel von dauerhafter Unterstützung ab (vgl. Marx et al. 1973).

3. Methode, Fragestellung und Patienten

Es wurden 53 Bewohner aus 2 Übergangseinrichtungen (einem Haus mit seinerzeit 2 Betreuern und einem Heim mit 4 Betreuern und größerer Präsenz) und 7 betreuten Wohngemeinschaften prospektiv über 5 Jahre untersucht. Die Untersuchung wurde im wesentlichen von 4 zuvor in die Methodik und Instrumente eingewiesenen und geschulten Mitarbeitern eines unabhängigen Forschungsteams durchgeführt. Hauptziel war es, die Entwicklung und Krankheitsverläufe der chronisch kranken Bewohner, die in diesem komplementären, in sich zusammenhängenden Wohnbereich betreut werden, über 5 Jahre (1986-1991) zu untersuchen und zu bewerten. Aus diesem Grund wurden Patienten auch dann einbezogen, wenn sie dauerhaft oder intermediär ihren Wohnsitz im psychiatrischen Krankenhaus hatten. Zuletzt konnten drei Patienten aus unterschiedlichen Gründen nicht mehr einbezogen werden: einer war verstorben, zwei lehnten die Untersuchung ab. Nur kursorisch sei erwähnt, daß bei einem solchen Forschungsansatz die Bildung einer Kontrollgruppe ausscheidet. Ebenso ist bei einer Fünf-Jahres-Katamnese ein Vorher-Nachher-Vergleich nicht sinnvoll.

Neben der Dokumentation der Erkrankungs- und Behandlungsvorgeschichte und der Erfassung der gegenwärtigen sozialen Situation wurden der psychische Befund mit dem AMDP (AMDP 1979) und der SANS (Andreasen 1982), die Situation im Bereich Wohnen, Arbeit und Behandlung in gestuften Skalen nach Ciompi et al. (1977-79) erfaßt. Hinsichtlich der sozialen Bindungen und Kontakte wurde nach Personen gefragt, die in einem definierten Zeitraum entweder regelmäßig als Kontaktpartner dienten oder an die sich der Betroffene vertrauensvoll wenden konnte (= emotionale Bindungen). Außerdem wurden (weitere) Hospitalisierungen nach Zahl und Dauer festgehalten. Ferner fragten wir die Patienten in einem standardisierten Interview nach den subjektiv wahrgenommenen Leidensaspekten ihrer Krankheit, nach ihren kulturellen Interessen und ihrer Zufriedenheit in den einzelnen Lebensbereichen.

Die Fragestellungen im einzelnen waren: 1. Wie entwickelt sich, erkennbar anhand der Wohnsituation, die Autonomie der Patienten im Verlaufe von 5 Jahren? Wächst die Unabhängigkeit vom psychiatrischen Krankenhaus erkennbar an? 2. Welche Konsequenzen für die sozialen Integration (Arbeit, Kontakte, Beziehungen) hat die überwiegend extramurale Rehabilitation? Welche Beziehungen ergeben sich zu den Familien der Patienten? 3. Wie erleben die Patienten ihre Krankheit? Wie ist ihre Zufriedenheit?

Biographische Daten und soziale Stellung: Das mittlere Alter betrug zu Eingang der Untersuchung 32.4 (SD ±7.4) Jahre (Tabelle 1). Unter den Patienten sind etwas mehr Männer (30) als Frauen (23), 48 oder 90% der Probanden sind ledig. Von den 53 Bewohnern erhielten nach ICD9 eingangs 51 die Diagnose schizophrene Psychosen. Bei einem Patienten, bei dem zunächst eine schwere depressive Persönlichkeitsstörung diagnostiziert wurde, ergab der weitere Verlauf sichere Hinweise auf das Vorliegen einer schizophrenen Erkrankung. Ein weiterer litt an einer bipolaren affektiven Psychose mit ungünstigem Verlauf, wobei differentialdiagnostisch an eine schizoaffektive Erkrankung zu denken ist. Wie anhand der Erkrankungsdauer und der Frequenz bzw. Dauer der Hospitalisierungen in Tabelle zu erkennen ist, läßt sich zwischen einer Gruppe jüngerer, von Chronifizierung bedrohter Patienten und älterer Kranker mit entweder einer langen Hospitalisierungs- oder zumindest Betreuungsvorgeschichte unterscheiden (Eikelmann 1991).

Über eine abgeschlossene Berufsausbildung verfügte nur 25 Patienten. Hinsichtlich der sozialen Stellung (eingeteilt nach Kleining u. Moore 1968) war auffällig, daß 37 Patienten schon zu Beginn der Untersuchung der untersten Schicht angehörten. Insgesamt 13 Bewohner standen unter Betreuung, 11 ohne Einwilligungsvorbehalt. Ihren Unterhalt finanzierte mehr als die Hälfte der Bewohner (55%) durch die Sozialhilfe, weitere 12 (23%) durch Rente. Demnach hatte nur der kleinere Teil ein eigenes Einkommen aus Arbeit bzw. Anspruch auf Krankengeld oder Arbeitslosenhilfe. Kein Bewohner fuhr einen Pkw, obwohl mehr als die Hälfte einen Führerschein besaß.

Tab. 1: Krankheitsdaten der Übergangshaus- und Wohngruppenbewohner n = 53

	Überg.-Haus n=13		Überg.-Heim n=20		Wohngruppen n=20		Insgesamt n=53	
	M	SD	M	SD	M	SD	M	SD
Diagnose: schizophr. Psychosen	13		20		19		52	
Alter bei Krankheits- beginn	24.0	(±7.3)	23.4	(±7.0)	20.5	(±3.9)	22.6	(±6.2)
Jahre seit Beginn d. Erkrankung	5.7	(±5.0)	11.3	(±7.1)	11.9	(±5.0)	9.9	(±6.2)[*]
Zahl bish. Hospital.	3.0	(±2.4)	5.9	(±4.2)	5.8	(±2.9)	5.1	(±3.5)[*]
Dauer bis. Hospit. M.	15.8	(±23.5)	49.3	(±69.3)	23.1	(±19.9)	31.3	(±47.6)[*]

M = arithmetisches Mittel, SD = Standardabweichung. Kruskal-Wallis-Test (zur Prüfung zwischen den 3 Einrichtungen): p < 0.001[*]

In der Erstuntersuchung fanden wir hohe Scores im psychischen Befund des AMDP (1979). Nach Syndromen dargestellt, kam der apathischen, dann der "psychoorganischen" und der depressiven Symptomatik die größte Bedeutung zu. Paranoid-halluzinatorische, manische oder hostile Störungsmuster traten demgegenüber deutlich in den Hintergrund (vgl. Eikelmann u. Reker 1991). Im Laufe der 5 Untersuchungsjahre ergeben sich keine belangvollen Veränderungen, weder in den Scores oder den Syndromen des AMDP noch im Gesamtscore der SANS. Insgesamt zeigte sich ein leichter, aber statistisch nicht signifikanter Anstieg der Summenscores des AMDP.

4. Ergebnisse nach 5 Jahren

Rehabilitation im Wohnbereich: Änderungen und Fortschritte in der Wohnsituation haben sich vorzugsweise in den ersten 1 bis 2 Jahren nach Einzug in die jeweilige Einrichtung oder Wohngruppe vollzogen (Tab. 2). In den Jahren darauf ist ein deutlich geringeres Entwicklungstempo zu verzeichnen. Die Zahl der Bewohner des Übergangshauses nimmt erwartungsgemäß ab, was auch durch Vorgaben des Konzeptes und der Kostenträger mitbegründet ist. Die meisten Patienten ziehen in eine betreute Wohngruppe oder (aus einer Wohngruppe) in die eigene Wohnung. Nur ein kleiner Teil kehrt in das psychiatrische Krankenhaus zurück. Die Patienten, die zu ihren Eltern zurückzogen, blieben dort zumeist nicht lange. Als besonders stabil erwies sich die Wohnform betreute Wohngruppe: sowohl patient- als auch gruppenbezogen ergaben sich hier die geringsten Veränderungen. Nach 4 Jahren lagen bezogen auf die Gesamtgruppe bereits stabile Verhältnisse vor, die auch im 5. Jahr unverändert angetroffen wurden: Sechs Patienten hatten ihren Wohnsitz im psychiatrischen Krankenhaus, 8 Patienten lebten im Übergangshaus, 23 wurden in Wohngemeinschaften betreut, ein Betroffener wohnte bei den Eltern und 12 Rehabilitanden lebten selbständig.

Drei Verlaufstypisierungen sind möglich: 1. die bzgl. des Wohnstatus erfolgreichen Rehabilitanden, die entweder kontinuierlich aufsteigen und/ oder dauerhaft über der Stufe Übergangshaus leben. Hierbei handelt es sich um 35 (=70%) Patienten. 2. Die zweite

Gruppe (n=9) von Rehabilitanden bleibt im wesentlichen an das
Übergangshaus fixiert; d.h. Umzüge in das Elternhaus oder die eigene Wohnung sind von kurzer Dauer. 3. Eine dritte Gruppe (n=6)
kehrt zumeist nach 12 bis 24 Monaten gescheiterter Bemühungen ins
Krankenhaus zurück.

Tab. 2: Wohnsituation der Rehabilitanden in 5
Untersuchungsjahren

Untersuchungsjahr/ Wohnsituation	1985 n=53	1986 n=53	1987 n=52	1988 n=51	1989 n=51	1990 n=50
Klinik	0	3	4	4	6	6
Übergangshaus	33	12	12	7	8	8
Wohngruppe	20	30	22	26	24	23
Eltern	0	2	7	5	1	1
selbständig	0	6	7	9	12	12

Arbeit und Beschäftigung. Zwölf Patienten waren 1990 ohne jegliche Beschäftigung außerhalb ihrer Wohnung, ein weiteres Viertel
ambulant in (klinischer) Arbeitstherapie. Weitere 19 Kranke fanden
sich auf dem zweiten Arbeitsmarkt der beschützten psychiatrischen
Angebote, 7 Patienten im ersten Arbeitsmarkt, allerdings nur teil-
zeitweise oder unterhalb ihrer erworbenen beruflichen Qualifikation.
Im Vergleich zu den Verhältnissen vor 5 Jahren haben bezahlte
Formen der Arbeit eindeutig zugenommen (von 14 auf 26 Patienten), während die mittlere Dauer der Beschäftigung pro Woche
leicht zurückgegangen ist (von 12.7 auf 11.7 Std./ Woche).

Die Summe der Rehospitalisierungen schwankte im gesamten
Untersuchungszeitraum um den Wert 20 pro anno, d.h., daß etwa

ein Drittel der Patienten jährlich einmal stationär behandelt werden mußte. Dabei nahm die Gesamtverweildauer zu: von 1100 Tagen (bei 53 Patienten) im Jahr 1986 verdreifachte sie sich auf fast 2900 Tage im Jahr 1990 (bei lediglich 50 Patienten). Diese Entwicklung ist im wesentlichen auf die dauerhaft untergebrachten Patienten zurückzuführen. Beginnend mit 1987 nahm die Anzahl der Patienten, die bis dahin nicht rehospitalisiert werden mußte, von 34 kontinuierlich auf 17 ab. Im Fünfjahres-Zeitraum wurden also 2/3 der Patienten wiederum stationär behandelt.

Hinsichtlich der Sozial-Beziehungen ergaben sich in den 5 Untersuchungsjahren interessante Veränderungen (Abb. 1).

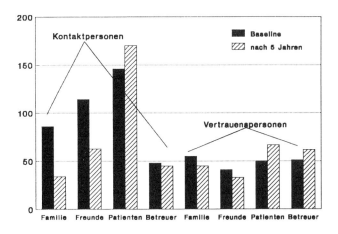

Abb. 1: Summenwerte der Kontakte und Bezugspersonen der 50 Rehabilitanden im Vergleich zwischen 1985 und 1990

Die Zahl der Kontaktpersonen in der Familie und unter den
"gesunden" Freunden reduzierte sich um mehr als die Hälfte,
wogegen die Kontakte zu Mitpatienten deutlich zunahmen. Die Vertrauenspersonen in der Familie und unter den früheren Freunden
gingen demgegenüber nur leicht zurück. Allerdings spielen auch hier
die Mitpatienten und v.a. die Betreuer eine zunehmend wichtigere
Rolle. Nur etwa ein Viertel der Patienten hatte während der
Untersuchungszeit einen sexuellen Partner.

Im Bereich der subjektiven Evaluation waren 45 Patienten bereit,
Auskünfte zu erteilen, darunter auch die stationären Langzeit-Patienten. Jeweils 75% von ihnen fühlten sich in ihren wichtigen Ent-
scheidungen und ihrer Autonomie durch die Betreuung nicht ein-
geengt und hatten andererseits das Gefühl, ausreichend unterstützt
zu werden. Nur 15% gaben an, durch die extramurale Betreuung
einer zu großen Belastung unterworfen zu sein. Hierbei handelt es
sich nur in drei Fällen um die stationären Langzeit-Patienten. Immerhin litten 23 Befragte nach ihrer subjektiven Wahrnehmung
anhaltend unter Depressivität, Angst oder Kraftlosigkeit bzw.
Labilität usw., also einer Reihe von Krankheitszeichen, die auch in
der objektiven Betrachtung durch die Untersucher im Vordergrund
standen. Auf die Frage, was ihnen in der äußeren Realität Sorgen
bereite, führten 24% der Patienten (Anfang des Jahres 1991) den
Golfkrieg an, 12% die Arbeit, etwa 10% die Wohnung oder ihre
Finanzen. Andererseits waren zwischen 75% und 90% der
Untersuchten mit ihrer Wohnung, Freizeit, mit ihrer körperlichen
Gesundheit und Behandlungssituation deutlich zufrieden, während
das Urteil im Bereich psychische Gesundheit, Arbeit und Finanzen
zurückhaltender ausfiel: nur etwa die Hälfte der Befragten zeigte
sich hier zufrieden (vgl. Skantze et al. 1993).

5. Objektive und subjektive Evaluation als Planungsbasis der psychiatrischen Rehabilitation

Innerhalb eines 5-Jahres-Zeitraums wurde die Rehabilitation chronisch psychisch Kranker in Übergangshäusern und Wohngruppen prospektiv in jährlichen Querschnitten untersucht. Der Großteil der Patienten gelangt in dieser Zeit relativ kontinuierlich in unabhängigere Formen des Wohnens. Lediglich 20% der Patienten bleiben in den Übergangseinrichtungen "hängen"; insgesamt 10% kehren in das psychiatrische Krankenhaus zurück. Krankheitsrezidive treten weiterhin auf und führen zu stationären Behandlungen. Diese sind aber episodisch und bedingen bei 90% der Patienten keine Änderung des Wohnstatus. Soziale Kontakte finden zunehmend mit anderen Kranken und Betreuern statt, während Bindungen an die Familie, wenn auch z.T. mit wenig realen Kontakten, fortbestehen. Für die tägliche Kommunikation erhalten Bekannte und Betreuer aus der "psychosozialen Szene" einen weitaus größeren Stellenwert als die Familien und sog. gesunde Bekannte und Freunde (Angermeyer 1984).

Trotz anhaltender Bemühungen, die Angehörigen in die einzelnen Projekte zu integrieren, findet die Rehabilitation in relativer Distanz zu den nächsten Angehörigen statt. Nach 5 Jahren ist nur ein Patient zu seiner Familie zurückgekehrt. Auch die rückläufige Zahl der Kontakte mit den Angehörigen spricht für die Distanzierung aus einer gemeinsamen täglichen Lebensroutine. Es ist zu vermuten, daß beide Seiten daraus ihren Nutzen ziehen. Jedenfalls sprechen Befragungen sowohl der Angehörigen als auch der Patienten dafür (Hieke 1986).

Die soziale Situation der Patienten ist in vielem verbesserungswürdig: vor allem die Bereiche Arbeit und Finanzen, die inhaltlich eng zusammenhängen, weisen Defizite auf. Dies schlägt sich objektiv in dem hohem Anteil Arbeits- oder Beschäftigungsloser und subjektiv in der vergleichsweise großen Unzufriedenheit der Patienten nieder. Tatsächlich ist der Bereich Arbeitsrehabilitation nur unzureichend ausgestaltet: einerseits erschwert die gegenwärtige Arbeitsmarktsituation die Reintegration chronisch psychisch Kranker in das Arbeitsleben. Andererseits sind die sozialen Firmen und Zuverdienstbetriebe nicht in der Lage, den offensichtlichen Bedarf an Arbeitsplätzen zu befriedigen. Der weitere Ausbau beschützter Arbeitsverhältnisse wird durch eine administrativer und kostenträgerspezifischer Probleme erheblich verzögert. Eine Individualisierung der Formen des betreuten Wohnens erscheint für die Zukunft ebenso wünschenswert: erweist sich in unserer Untersuchung die Wohngruppe als ideal, so zeichnet sich ab, daß betreutes Einzel- oder "Paar"-Wohnen in Zukunft noch stärker in Anspruch genommen werden. Auch wenn eine Betreuung dadurch aufwendiger wird, stellt die Einzelwohnung doch für eine Reihe von Patienten die einzig akzeptable Wohnform dar.

Die Kranken klagen über die persistente psychische Symptomatik, die sie als Angst, Depressivität und Kraftlosigkeit beschreiben. Aus der Sicht der objektivierende Psychopathologie gehen diese Zustandsbeschreibungen mühelos im "post-remissiven Erschöpfungssyndrom", im depressiv-apathischen Syndrom oder in den sog. "Restbeschwerden" auf. Sie können auch bei optimaler Therapie nur unzureichend beeinflußt werden. Bemühungen den Lebensstandard zu erhöhen, müssen deswegen nicht notwendigerweise zu einer Besserung der subjektiv wahrgenommenen Lebensqualität führen. Diese hängt maßgeblich von der Erlebnisfähigkeit der Patienten ab. Konstitutiv sind aber auch Arbeit und Beschäftigung (Skantze et al. 1993), deren Bedeutung die Kategorien Lebensqualität und Lebensstandard gleichermaßen beeinflußt. Andererseits ist die Zufriedenheit der Untersuchten in vielen anderen Bereichen recht gut. Auch die von den Patienten angesprochenen Sorgen spiegeln zusammen mit anderen Parametern (Wohnen, Kontakte und Beziehungen) wider, daß die Bemühungen um die psychosoziale Integration dieser chronisch psychisch Kranken einen gewissen Erfolg hatten.

Diese Ergebnisse sind nicht nur von wissenschaftlichem Interesse, indem sie belegen, daß die komplementäre Rehabilitation funktioniert und von dem Großteil der Patienten angenommen und akzeptiert wird. Gerade das Patienten-Urteil weist eindringlich auf die Defizite der Versorgung und die Unzulänglichkeiten der Therapie hin. Es wird dabei deutlich, daß unsere Behandlungs- und Betreuungsangebote das soziale Schicksal der chronisch psychisch Kranken erleichtern, daß ihr Leiden aber anhält.

Literatur:

Andreasen, N.: Negative symptoms in schizophrenia. Definition and reliability. Arch. Gen. Psychiatry 39 (1982): 784-788

Angermeyer, M. C.: Mitten in der Gemeinde und doch allein? Gruppenpsychotherapie 19 (1984): 313-333

Anthony, W. A.: The principles of psychiatric rehabilitation. Baltimore: University Park Press 1980

Anttinen, E. E., R. Jokinen, M. Ojanen: Progressive integrated system for the rehabilitation of long-term schizophrenic patients. Acta Psychiatr. Scand. Suppl. 319 (1985): 51-59

Arbeitsgemeinschaft für Methodik und Dokumentation in der Psychiatrie: Das AMDP-System. Manual zur Dokumentation psychiatrischer Befunde. Berlin Heidelberg New York: Springer 1979

Braun, P., G. Kochansky, R. Shapiro, S. Grunberg, J. Gudeman, S. Johnson, M. Shore: Overview: Deinstitutionalization of psychiatric patients. A critical review of outcome studies. Am. J. Psychiatry 138 (1981): 736-749

Ciompi, L., C. Agué, J. P. Dauwalder: Ein Forschungsprogramm über die Rehabilitation psychisch Kranker. I. Konzepte und methodologische Probleme. Nervenarzt 48 (1977): 12-18

Cranach, M. v.: Wie weit ist der Begriff "Rehabilitation" in der Psychiatrie angemessen? In: Böcker, F. u. W. Weig (Hrsg.): Aktuelle Kernfragen in der Psychiatrie. Berlin Heidelberg New York: Springer 1988

Eikelmann, B., Th. Reker: A Modern Therapeutic Approach for Chronically Mentally Ill Patients. Acta psychiatr. scand. 84 (1991): 357-363

Eikelmann, B.: Gemeindenahe Psychiatrie. Tageskliniken und Übergangseinrichtungen. München: Urban & Schwarzenberg 1991

Expertenkommission der Bundesregierung zur Reform der Versorgung im psychiatrischen Bereich: Empfehlungen der Expertenkommission der Bundesregierung zur Reform der Versorgung im psychiatrischen und psychotherapeutisch/ psychosomatischen Bereich Bonn: Schriftenreihe des Bundesministers für Jugend, Familie, Frauen und Gesundheit 1988

Endicott, J., J. Herz, M. Gibbon: Brief vs. standard hospitalization: The differential costs. Am. J. Psychiatry 135 (1978): 707-712

Fadden, G., P. Bebbington, L. Kuipers: The Burden of care: The impact of functional psychiatric illness on the patient's familiy. Br. J. Psychiatry 150 (1987): 285-292

Fenton, F. R., L. Tessier, L. Struening: A comparative trial of home and hos-pital psychiatric care. One-year follow-up. Arch. Gen. Psychiatry 36 (1979): 1073-1079

Goffman, E.: Asyle. Über die soziale Situation psychiatrischer Patienten und anderer Insassen. Frankfurt: Suhrkamp 1972

Gruyters, Th., St. Priebe: Die Bewertung psychiatrischer Behandlungen durch die Patienten - eine Studie zu ihrer Erfassungsmethodik und zeitlichen Stabilität. Fortschr. Neurol. Psychiat. 60 (1992): 140-145

Hieke, E. Zum Verhältnis von komplementären psychiatrischen Einrichtungen und Angehörigen ihrer Klienten aus der Sicht der Angehörigen. Eine Fallstudie. Münster: Diplomarbeit im Fachbereich Erziehungswissenschaft 1986

Hoffmann, H., T. Hubschmid: Die soziale Abhängigkeit des Langzeitpatienten. Eine Untersuchung im sozialpsychiatrischen Ambulatorium. Psychiat. Prax. 16 (1989): 1-7

Hubschmid, T., E. Aebi: Berufliche Wiedereingliederung von psychiatrischen Langzeitpatienten. Soc. Psychiatry 21 (1986): 152-157

Hubschmid, T., M. Schaub: The psychiatric patient as an employee - Employers' experiences. Rehabilitation 27 (1988): 145-148

Kleining, G., H. Moore: Soziale Selbsteinstufung (SSE). Köl. Ztsch. Soz. Psychol. 20 (1968): 502-552

Lavik, N. J.: Utilization of mental health services over a given period. Acta Psychiatr. Scand. 67 (1983): 404-417

Liberman, P. R., S. Jacobs, D. Boone et al.: Skills Training for the community adaptation of schizophrenics. In: Böker, W. u. H. D. Brenner (Hrsg.): Bewältigung der Schizophrenie. Bern: Huber 1986

Malm, U., Ph. R. A. May, S. J. Dencker: Evaluation of the quality of life of the schizophrenic out-patient: a checklist. Schiz. Bull. 7 (1981): 477-487

Marx, A. J., M. A. Test, L. I. Stein: Extrahospital management of severe mental illness: feasability and effects of social functioning. Arch. Gen. Psychiatry 29 (1973): 505-511

Munich, R. L., E. Lang: The Boundaries of Psychiatric Rehabilitation. Hosp Comm Psychiatry 44 (1993): 661-665

Pasamanick, B., F. R. Scarpitti, S. Dinitz: Schizophrenics in the community: an experimental study in the prevention of hospitalization. New York: Appleton 1967

Reker, T., B. Eikelmann: Effekte ambulanter Arbeitstherapie. (1993) Zur Publikation eingereicht.

Rog, D. J., H. L. Rausch: The psychiatric Half-Way-House: how is it measuring up? Comm. Mental Health J. 11 (1975): 155-162

Rudas, St.: Berufliche Rehabilitation psychisch Kranker in einer fachspezifischen Einrichtung - Ergebnisse einer Studie. Rehabilitation 29 (1990): 93-99

Simpson, C. J., C. E. Hyde, E. B. Faragher: The chronically mentally ill in community facilities. A study of quality of life. Br. J. Psychiatry 154 (1989): 77-82

Skantze, K., U. Malm, S. J. Denicker, P. R. A. May, P. Corrigan: Comparison of Quality of Life with Standard of Living in Schizophrenic Outpatients. Br. J. Psychiatry 161 (1992): 797-801

Steinhart, I., G. Bosch: Rehabilitation in einer gemeindepsychiatrischen Versorgungsstruktur - Erfolg und Mißerfolg während eines Jahres. Rehabilitation 29 (1990): 246-253

Test, M. A., L. I. Stein: Alternative to mental hospital treatment. III. Social cost. Arch. Gen. Psychiatry 37 (1980): 409-412

Vetter, P.: Die Rehabilitation psychisch Behinderter in therapeutischen Wohngemeinschaften und ihr Einfluß auf die Hospitalisierungsdauer. Nervenarzt 56 (1985): 116-120

IV. DIE ARBEITSZUFRIEDENHEIT PSYCHISCH KRANKER ARBEITNEHMER

Beate Wethkamp, Marie-Luise Inhester, Bernd Eikelmann und Thomas Reker

Zusammenfassung: Die Untersuchung der Arbeitszufriedenheit psychisch kranker Arbeitnehmer soll die objektivierende Analyse des Erfolgs der Rehabilitation ergänzen. Arbeit und Beschäftigung haben für die Patienten wichtige therapeutische und soziale Funktionen. Aus dieser Einsicht heraus wurden in den letzten Jahren zahlreiche Angebote geschaffen. Diese werden von den Befragten differenziert beurteilt. Dabei zeigt sich, daß die Akzeptanz unter den Gesichtspunkten "Sicherheit der Stelle", "betriebliches Klima" und "Aufgabe" recht groß ist. Allerdings werden auch Schwächen aufgedeckt; so vermißten die Patienten Entwicklungsmöglichkeiten und eine adäquate Bezahlung. Für die weitere Implementierung psychiatrischer Arbeitsangebote erscheint die Berücksichtigung der Patientenurteile unerläßlich und in hohem Maße wünschenswert.

1. Arbeitnehmer oder Patient?

Arbeit ist für jedermann notwendiges Mittel zur Sicherung des materiellen Lebensunterhaltes. Darüberhinaus lassen sich soziale und tagesstrukturierende Aspekte ebenso wie positive Auswirkungen auf das Selbstbewußtsein und die soziale Rolle feststellen (Jahoda 1983, Bennett 1970, Shepard 1984). Wer arbeitet, hat soziale Kontakte, hat an fast allen Tagen in der Woche eine Zeitplanung und fühlt sich als (mehr oder minder erfolgreicher) Arbeitnehmer sozial eingeordnet. Daran haben bis zum heutigen Tage neue Gepflogenheiten der "Freizeitgesellschaft" nichts wesentliches geändert. Psychisch Kranke unterscheiden sich in dieser Hinsicht nicht von Gesunden (Jahoda 1983).

Beschäftigungs- und Arbeitstherapie sind fester Bestandteil der (klinischen) Behandlung chronisch psychisch Kranker und begünstigen zusammen mit anderen Maßnahmen das Abklingen der aktuellen Symptomatik. In der Phase der Reintegration und Rehabilitation stehen sie nicht selten im Zentrum der Bemühungen um den Kranken: dieser wird nämlich nicht nur in den Fertigkeiten geschult, einer Erwerbsarbeit nachzugehen, gleichzeitig werden vielfältige psychische Funktionen und soziale Kompetenzen intensiv gefördert (Eikelmann u. Reker 1993).

Ferner ist Arbeit für psychisch Kranke aus sozialen Gründen unverzichtbar: sie offeriert ihnen die Arbeitnehmerrolle und trägt somit zu ihrer gesellschaftlichen Integration maßgeblich bei. Sie verhindert die gefürchtete Doppelstigmatisierung: arbeitslos *und* psychisch krank. Natürlich darf nicht vergessen werden, wie eng finanzielles Auskommen und Erwerbstätigkeit zusammenhängen. Nur durch Arbeit kann für die meisten chronisch psychisch Kranken ein angemessener Lebensstandard erreicht werden.

Auf diesem Hintergrund sind die Bemühungen der Psychiatrie zu sehen, die Integration ihrer Patienten in den ersten Arbeitsmarkt zu verbessern, rehabilitative Angebote zur Wiedereingliederung zu organisieren und für schwer und chronisch Kranke beschützte Arbeitsplätze vorzuhalten. Fortschritte in diesem Bereich sind in den letzten Jahren unübersehbar (s.u.). Es fragt sich allerdings, ob diese Angebote ihren Zweck erfüllen und tatsächlich die Arbeitskompetenzen der Rehabilitanden verbessern bzw. einer Reihe von ihnen zu einem Arbeitsplatz verhelfen. Auf die Ergebnisse aus entsprechenden Studien wurde in Kapitel III hingewiesen. Die nächste Frage muß aber lauten: Wie zufrieden sind psychisch kranke Arbeitnehmer mit ihrem Job? Welche Aspekte ihrer Tätigkeit schätzen sie, welche Aspekte mißfallen ihnen?

Das Wort "Beschäftigungstherapie" hat im täglichen (Laien-) Gebrauch eine negative Konnotation. "Arbeitstherapie" bedeutete Ende der sechziger Jahre - in einem anderen gesellschaftlichen Umfeld - nicht selten Ausbeutung der arbeitsfähigen Patienten zum Wohle des Krankenhauses. Die Problematik der schlecht oder unbezahlten Arbeit ist nach wie vor gegeben: diese Arbeit ist zwar therapeutisch (und kostet sogar Geld), sie ist aber andererseits auch wertschöpfend, ohne daß diese Werte in jedem Fall und in angemessener Weise an die Arbeitnehmer weitergegeben werden. Dabei wissen wir seit den sechziger Jahren, daß realistische Arbeitsbedingungen (also mit Bezahlung) einer Rehabilitation am ehesten förderlich sind. Wir fragten uns also, wie erleben psychisch kranke Arbeitnehmer diesen Zwiespalt? Welche Rolle spielt die (fehlende) Bezahlung?

2. Methodische Voraussetzungen

Diese Untersuchung befaßt sich mit der Arbeitszufriedenheit psychisch kranker Arbeitnehmer und ist ein Teilaspekt einer prospektiven Studie zur Arbeitsrehabilitation. Wir haben zu diesem Zweck eine große, regional repräsentative Stichprobe im Hinblick auf soziodemografische Merkmale, auf ihre allgemeine Vorgeschichte und Arbeitsanamnese, auf ihren psychischen Befund (AMDP 1981), auf ihre soziale Anpassung (GAS) und ihre Diagnose (ICD 10) untersucht. Mit einem standardisierten Instrument, und zwar mit einer verkürzten Form des Arbeitsbeschreibungsbogens von Neuberger und Allerbeck (1978), wurde die Arbeitszufriedenheit erfaßt. Hierbei handelt es sich um einen international erprobten Fragebogen, für den große Vergleichsstichproben gesunder Arbeitnehmer vorliegen. Der ABB erfaßt 11 Dimensionen von Arbeitszufriedenheit, von denen im folgenden allerdings nur 9 berücksichtigt werden: Wir fragten nach der Zufriedenheit mit Kollegen, Vorgesetzten, mit der Tätigkeit, mit den äußeren Bedingungen am Arbeitsplatz, der betrieblichen Leitung und Organisation sowie den

Entwicklungsmöglichkeiten und der Bezahlung. Dann sollten die Beschäftigten zusammenfassend beantworten, wie zufrieden sie mit ihrer Arbeit bzw. ihrem Leben insgesamt sind. Als Antwort mußten Kunin-Gesichter markiert werden, die 7 verschiedene Stufen von Arbeitszufriedenheit bzw. Unzufriedenheit symbolisieren.

Im Sommer 1990 fanden wir in Westfalen (9 Millionen Einwohner) insgesamt 51 Institutionen, die zuammen 1650 beschützte Arbeitsplätze für (chronisch) psychisch Kranke aufwiesen (Reker et al. 1990). Die Daten stammen aus Interviews mit n=657 repräsentativ ausgewählten, psychisch kranken Arbeitnehmern. Von ihnen arbeiteten n=271 in besonderen Abteilungen der Werkstätten für Behinderte, n=109 in sozialen Beschäftigungsprojekten, n=128 in ambulanter klinischer Arbeitstherapie und n=149 auf dem allgemeinen Arbeitsmarkt.

Die Stichprobe umfaßte 250 (38%) Frauen und 407 (62%) Männer, die meisten von ihnen unverheiratet oder geschieden (91%). Nur 26% der Patienten bestritten ihren Lebensunterhalt aus Arbeitseinkünften; diese waren mehrheitlich auf dem ersten Arbeitsmarkt beschäftigt. Die Hälfte der Patienten bezieht Einkünfte aus Rente (22%) oder Sozialhilfe (30%). Mit 43% wohnen die meisten Probanden in Einrichtungen des beschützten Wohnens, also in Übergangs- oder Wohnheimen, in betreuten Wohngruppen oder im psychiatrischen Krankenhaus. 25% logieren weiterhin bei ihren Eltern, und nur 32% hatten eine Wohnung in eigener Verantwortung. 55% der Untersuchten waren nicht in der Lage, eine Berufsausbildung zu vollenden. Dabei handelt es sich gewiß um die Folgen einer frühen Erkrankung und damit verbundener erheblicher psychischer Behinderung.

Tab. 1: soziodemographische, krankheits- und arbeitsbezogene
Daten von n=657 psychisch kranken Arbeitnehmern

Arbeitsplatz	
allg. Arbeitsmarkt	n = 149 (22,7%)
Werkstatt für Behinderte	n = 271 (41,2%)
Soziale Firmen	n = 109 (16,6%)
Ambulante Arbeitstherapie	n = 128 (19,5%)
Alter	x = 35,5 Jahre (sd ± 9.3)
Alter bei Ersterkrankung	x = 24,3 Jahre (sd ± 8.4)
Zahl psych. Hospitalisierungen	x = 3,3 Mal (sd ± 3.6)
Gesamtdauer der Hospitalisierungen	x = 30,1 Monate (sd ± 59.3)
Diagnose (ICD 10)	
schizophrene Störungen	n = 371 (56,6%)
affektive Störungen	n = 69 (10,5%)
Neurosen, Persönlichkeitsstörungen	n = 85 (12,9%)
Sucht	n = 33 (5,0%)
organische Störungen	n = 46 (7,0%)
Intelligenzstörungen	n = 51 (7,8%)
kindlicher Autismus	n = 2 (0,2%)

x = arithmet. Mittel; sd = Standardabweichung

Die Daten zur Diagnose und zur Vorgeschichte unterstreichen (Tab.
1), daß es sich bei der Stichprobe um chronisch und schwer kranke
Patienten mit frühem Krankheitsbeginn handelt. Sie sind im Durchschnitt etwa 3 Mal psychiatrisch stationär behandelt worden, dabei
im Mittel insgesammt für 30 Monate. Die meisten, nämlich 57%
leiden an einer schizophrenen Psychose. An zweiter und dritter
Stelle finden wir Neurosen und affektive Erkrankungen. 8 von 10
Probanden unterziehen sich gegenwärtig einer ambulanten psychiatrischen Behandlung. Interessant ist, daß sie insgesamt eine ganze
Reihe von Betreuern in verschiedenen Lebensbereichen haben. Im

Allgemeinen sind es 2-3 Personen, die sich in den Bereichen Behandlung, Arbeit, Wohnen oder Freizeitgestaltung dauerhaft um das
Wohlergehen dieser chronisch Kranken kümmern. Gleichzeitig ist
das "Netzwerk" an Vertrauenspersonen relativ klein. Die Patienten
stützen sich in erster Linie auf ihre Herkunftsfamilie, auf andere Patienten oder eben auf Betreuer. Dagegen haben sie relativ wenig
Bindungen an gesunde Freunde oder Bekannte.

3. Arbeitszufriedenheit unter verschiedenen Gesichts-punkten

Die mit dem ABB gemessene Arbeitszufriedenheit der Patienten war
hoch und lag in fast allen Fragebereichen (außer der Bezahlung)
deutlich über der von gesunden Arbeitnehmer auf dem allgemeinen
Arbeitsmarkt (Abb. 1). Sehr positiv wurden v.a. die sozialen Beziehungen am Arbeitsplatz, die Beziehung zum Vorgesetzten sowie die
Organisation und Leitung des Betriebs eingeschätzt. Relative Unzufriedenheit bestand mit den beruflichen Entwicklungsmöglichkeiten:
diese sind in den Angeboten des psychiatrischen Arbeitsmarktes
gänzlich unbestimmt oder fast nicht vorhanden. Ebenso wurde die
Bezahlung zu Recht als relativ schlecht bewertet. In einer Re-
gressionsanalyse zeigte sich, daß die Arbeitszufriedenheit durch die
Parameter "Arbeitsinhalte" und "Vorgesetzte" (zu etwa 50%)
determiniert wurde. Psychisch kranke Arbeitnehmer sind mit ihrem
Leben deutlich weniger zufrieden als die Gesunden. Diese bewerten
Bereiche wie Freizeit, Gesundheit, private Beziehungen oder Woh-
nen positiver als ihre Arbeit. Für psychisch Kranke ist dagegen die
Arbeit der Bereich der höheren Zufriedenheit.

Die Arbeitsplatzsituation: Von den Parametern, die die Belastungen und Bedingungen am Arbeitsplatz beschreiben, erklären die Variablen "Anforderungen durch die Art der Institution" und das

"Nettoeinkommen im Monat" den größten Teil der Varianz der Arbeitszufriedenheit: Psychisch Kranke sind am zufriedensten bei mittleren Anforderungen, wie sie in den Abteilungen für psychisch Behinderte in den Werkstätten für Behinderte, in den Selbsthilfefirmen und auf Teilzeitstellen auf dem allg. Arbeitsmarkt bestehen. Bei hohen Anforderungen und damit einhergehendem höherem Verdienst, wie man sie auf Vollstellen des allg. Arbeitsmarktes findet, sinkt die globale Arbeitszufriedenheit dagegen signifikant ab; das zeigt sich vor allem in den Bereichen "Vorgesetzte" und "Leitung", die als nicht hinreichend erlebt werden. Allerdings ist in diesen Fällen die Zufriedenheit mit der Bezahlung größer, was als Hinweis die Einschätzungsgüte gewertet werden darf.

Krankheitsfaktoren: Der psychopathologische Befund, erhoben nach dem AMDP (1981), hat den größten Einfluß der krankheitsbezogenen Daten auf die Arbeitszufriedenheit: Je höher der Summenwert, desto unzufriedener sind die Arbeitnehmer mit einzelnen Bereichen ihrer Arbeit, mit der Arbeit insgesamt, aber auch mit ihrem Leben. Insbesondere die Symptome, die zum depressiven Syndrom zählen, haben diesen negativen Einfluß auf die Zufriedenheit. Auch die Diagnose hat eine Auswirkung auf die Arbeitszufriedenheit: Beschäftige mit Störungen der Intelligenz und Suchtkranke zeigen die höchste Zufriedenheit, depressive Menschen mit affektiven Erkrankungen bzw. neurotischen Störungen weisen die niedrigste Zufriedenheit auf.

Schulabschluß und berufliche Bildung: Je höher ihr Schulabschluß ausfällt, desto unzufriedener sind die Arbeitnehmer mit ihrer Arbeit. Etwas schwächer, aber gleichgerichtet ist der Einfluß der berufliche Ausbildung. Besonders unzufrieden fanden wir eine Gruppe von ehemaligen Studenten, die während des Studiums erkrankt sind.

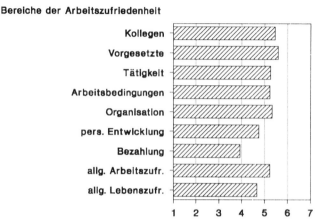

Abb. 1: Mittelwerte der Arbeitszufriedenheit n = 625 psychisch kranke Arbeitnehmer

4. Der Stellenwert von Arbeit

Eine große, regional repräsentative Stichprobe psychisch kranker Arbeitnehmer, die im allgemeinen Arbeitsmarkt, in sozialen Firmen, in klinischen Arbeitstherapien und in Abteilungen der Werkstätten für Behinderte tätig war, wurde differenziert zur Zufriedenheit bezüglich der Arbeits- und Lebenssituation befragt. Die Arbeitszufriedenheit war hoch und überraschenderweise größer als bei Gesunden, die auf dem allgemeinen Arbeitsmarkt tätig sind. Die Arbeit erschien in der Bewertung der Patienten sogar als ein Bereich von besonderer Bedeutung: demgegenüber war das Einverständnis mit der Lebenssituation deutlich geringer. Aus der Untersuchung von Eikelmann und Reker (Kap. III, vgl. Skantze et al. 1992) wird verständlich, daß vor allem die erheblich beeinträchtigte Gesundheit mit den vielen subjektiven Beschwerden und objektiven Einschränkungen hierzu beiträgt. Die Patienten aus dem komplementären Wohnen schätzen ihre Arbeitssituation kritisch ein, weil ein Viertel von ihnen ohne Arbeit und Beschäftigung angetroffen wurden.

Zufrieden waren die Arbeitnehmer vor allem in Tätigkeitsfeldern mit mittlerer Anforderung, also z.b. in Teilzeitbeschäftigung, in teilgeschützten Jobs der sozialen Firmen oder in der WfB mit einigermaßen angemessenen Verdienstmöglichkeiten. Man wird positiv formulieren können, daß teilzeitige Beschäftigung mit überschaubarer Verantwortung und Belastung im subjektiven Urteil der Patienten, aber ebenso im Urteil der Experten, als vorteilhaft gelten können. Wenn man sich den Randbereichen der geringen Belastung (einfache, repetitive Tätigkeiten für wenige Stunden) oder der hohen Anforderung (in der Regel im ersten Arbeitsmarkt) nähert, nimmt die Zufriedenheit ab, und ihr Profil über die einzelnen Aspekte ändert sich. So kann Genugtuung über die bessere Bezahlung hervortreten, gleichzeitig geht aber die Zufriedenheit global und in den Bereichen "Vorgesetzte" und "Leitung" signifikant zurück.

Insgesamt wird durch das Patientenurteil bestätigt, wie groß die Bedeutung einer Arbeit oder Beschäftigung für die Lebensqualität ist. Es wird ferner erkennbar, daß für diese Gruppe von psychisch Kranken eine wichtige Funktion von Arbeit, nämlich die Bestreitung des Lebensunterhaltes, nicht das ausschließliche Kriterium für die Zufriedenheit darstellt, obwohl die meisten Probanden mit ihrer Bezahlung nicht zufrieden sind und sein können. Der größte Teil ist nicht in der Lage, den Lebensunterhalt durch Arbeit selbständig zu bestreiten. Vielmehr beziehen sie Rente oder sind auf Sozialhilfe oder private Unterstützung angewiesen.

Die Abhängigkeit der Arbeitszufriedenheit von psychopathologischen Aspekten bedarf näherer Betrachtung. Wie aus der Literatur bekannt (Blumenthal et al. 1985), ist ein höheres Störungsmaß mit größerer Unzufriedenheit verbunden, was einerseits auf einzelne Aspekte der Psychopathologie bezogen werden kann, andererseits aber als Ausdruck einer problematischen Arbeitsintegration zu werten ist. Für die erste Hypothese spricht, daß Patienten mit depressiven Syndromen aus Krankheitsgründen zu ungünstigen Beurteilungen neigen. Für die zweite Hypothese kann verwertet werden, daß depressive Menschen nicht selten auf eine geringe Resonanz seitens ihrer Kollgen und Vorgesetzten stoßen. Ihre negative und pessimistische Sichtweise der Welt läßt sie auch ihre Arbeit skeptischer betrachten.

Schließlich ist auch die Unzufriedenheit der Rehabilitanden mit hohen Bildungsabschlüssen nachvollziehbar. Während Menschen mit Intelligenzstörungen und niedrigen Schulabschlüssen mit ihrer Arbeit einverstanden zu sein scheinen, tun sich psychisch Kranke mit höherer Qualifikation schwer, sich mit einfachen Montagearbeiten, niedrigen Löhnen und mangelnden beruflichen Perspektiven abzufinden. Es gibt also einerseits für diesen Personenkreis wenige geeignete Tätigkeiten im beschützten Arbeitsmarkt, andererseits sind die Kränkungen, die diese Menschen erfahren haben, vergleichsweise am größten.

Kritisch kann man fragen, ob das Urteil psychisch kranke Arbeitnehmer einerseits resignativ und andererseits euphemistisch ist. Sind diese Ergebnisse im Sinne sozialer Erwünschtheit beeinflußt, weil die Patienten nicht zugeben oder sich eingestehen mochten, wie unzufrieden sie mit einer nicht veränderbaren Arbeitssituation sind? Diese Effekte sind zu berücksichtigen, jedoch erscheinen die Ergebnisse plausibel. Betrachtet man zum Beispiele einmal genauer, welche Bereiche es sind, die psychisch kranke Arbeitnehmer besonders zufriedenstellen, so trifft man auf eine durchaus realistische Einschätzung der beschützten Arbeitsverhältnisse: besonders das soziale Klima im Betrieb und die Rücksichtnahme und Betreuungsfunktion der Vorgesetzten bedingen die Zufriedenheit. Für die Rehabilitanden ist besonders wichtig, keiner zu großen Belastung ausgesetzt zu sein. Die untertarifliche Bezahlung wird dafür offenbar in Kauf genommen und schränkt die allgemeine Arbeitszufriedenheit nicht erheblich ein, unter anderem wohl auch deshalb, weil viele Patienten kurzfristig keine realistische Möglichkeit sehen, ihren Lebensunterhalt durch Arbeitsentgelt zu sichern.

Aus dem Gesagten geht hervor, daß die Arbeitsbedingungen auf dem sogenannten beschützten Arbeitsmarkt durchaus verbesserungswürdig sind. Nur wenige Arbeitsstellen bieten einen angemessenen Lohn. Oft werden nur einfache Tätigkeiten angeboten, die die Bedürfnisse von "Kopfarbeitern" nicht erfüllen. Es fehlt hier an der nötigen Differenzierung. Aufstiegs- und Bewährungsmöglichkeiten sind nicht in nötigem Umfang vorhanden.

Die Untersuchung der Arbeitszufriedenheit psychisch kranker Arbeitnehmer erweist sich als eine sinnvolle Ergänzung der objektivierenden Analyse. Die Arbeitsplätze des psychiatrischen Arbeitsmarktes werden im allgemeinen positiv aufgenommen. Das Urteil der Patienten weist uns aber auch auf die Schwächen hin, zu deren Beseitigung wir in den nächsten Jahren aufgerufen sind.

Literatur:

Arbeitsgemeinschaft für Methodik und Dokumentation in der Psychiatrie: Das AMDP-System. Manual zur Dokumentation psychiatrischer Befunde. Berlin Heidelberg New York: Springer 1981

Bennett, D. H.: The value of work in psychiatric rehabilitation. Soc. Psychiatry 5 (1970): 244-250

Blumenthal, St., V. Bell, N.-U. Neumann, R. Vogel: Arbeitszufriedenheit bei erstmals stationär behandelten psychiatrischen Patienten. Zeitschrift für Klinische Psychologie 14 (1985): 1-11

Eikelmann, B., Th. Reker: A second labour market? Vocational rehabilitation and work integration of chronically mentally ill people in Germany. Acta Psychiatr Scand 88 (1993): 124-129

Jahoda, M.: Wieviel Arbeit braucht der Mensch? Weinheim Basel: Beltz 1983:

Neuberger, O., M. Allerbeck: Messung und Analyse von Arbeitszufriedenheit mit dem ABB. Erfahrungen mit dem Arbeitsbeschreibungsbogen ABB. Bern Stuttgart Wien: Huber 1978

Reker, Th., Ch. Mues, B. Eikelmann: Perspektiven der Arbeitsrehabilitation psychisch Kranker und Behinderter - Ein Überblick über den Stand und die Probleme im Landesteil Westfalen. Öffentliches Gesundheitswesen 52 (1990): 691-695

Shepard, G.: Institutional Care and Rehabilitation. London: Longman 1984

Skantze, K., U. Malm, S. J. Denicker, P. R. A. May, P. Corrigan: Comparison of Quality of Life with Standard of Living in Schizophrenic Out-patients. Br. J. Psychiatry 161 (1992): 797-801

V. NEUE ROLLEN VON BETROFFENEN IN DER PSYCHIATRISCHEN REHABILITATION

Peter Stastny, Anne Lovell, Andrea Blanch, Edward Knight, David Shern, Chip Felton, Sheila Donohue, Celia Brown und Dorinda Welle

Es wird über zwei Projekte berichtet, in denen Betroffene selbstständig und weitestgehend ohne professionelle Unterstützung ein Arbeitsprojekt aufbauten bzw. in die Betreuung anderer Patienten integriert wurden. Diese Projekte stehen als Beispiele für eine Entwicklung in der amerikanischen Psychiatrie, in der Betroffene zunehmend im Rehabilitationsprozeß anderer mitarbeiten und sich in autonomen Betroffenengruppen organisieren. Eine systematische wissenschaftliche Auswertung dieser Projekte steht noch aus, die ersten Erfahrungen sind sehr positiv und weisen auf einen neuen Ansatz in der Rehabilitation hin.

1. Geschichte der Betroffenenprojekte

Dieser Beitrag berichtet über eine Entwicklung in der psychiatrischen Rehabilitationsarbeit, die in den Vereinigten Staaten besonders ausgeprägt ist. In der jüngsten Zeit erschienen eine Reihe von Mitteilungen, die von guten Erfolgen bei der Einbeziehung von Betroffenen* in die Betreuung und Rehabilitation berichten

---

*Zur Terminologie: In diesem Beitrag stellen wir das Prinzip der "Selbstbezeichnung" (self-labeling) dem der "Bezeichnung von außen"

(Mowbray et al. 1988; Sherman & Porter 1991; Nikkel et al. 1992). Diese neuen Aufgabenbereiche und Rollen sind breit gefächert. Betroffene arbeiten in Rehabilitations- und Betreuungsprogrammen als Interessenvertreter ("advocate"), Case manager, Gesprächsberater ("peer counselor"), Arbeitsplatzvermittler oder Ausbilder. Dabei zeigen sich positive Einflüsse in zwei Richtungen: zum einen wird das Wohlbefinden und die Langzeitprognose der betroffenen Mitarbeiter selbst beeinflußt (Greenfield & Stoneking 1991). Diese erreichen eine größere Unabhängigkeit von konventionellen Rehabilitationsmaßnahmen (Fisher 1992). Zum anderen berichten die Klienten, die von Betroffenen (mit-) betreut werden, von einer spürbaren Verbesserung ihrer Lebensqualität und ihrer subjektiven Verfassung (Felton et al. 1993).

Ein kurzer historischer Rückblick bzgl. dieser neuen Rollen von Betroffenen zeigt etwas vereinfacht zwei Entwicklungslinien: Bei der ersten handelt es sich um Aktivitäten, die von der meist antipsychiatrisch eingestellten Selbsthilfe-/Betroffenenbewegung ausgehen. Deren Geschichte ist bei Chamberlin (1978) für die U.S.A. und bei Kempker & Lehmann (1993) für Europa nachzulesen. Hier werden wir uns auf diejenigen Projekte konzentrieren, die aus dem

(labeling) entgegen. Das heißt, daß wir uns auf Termini beschränken, die von Menschen mit Psychiatrieerfahrung auf sich selbst bezogen werden. Solche sind natürlich ebensowenig wertfrei, wie es die Bezeichnung von seiten der Experten ist, sondern entsprechen diversen Rollen, Machtverhältnissen und Erklärungsmodellen von abweichendem Verhalten. Wenn wir also von Betroffenen sprechen, so meinen wir Menschen, die sich durch ihre Erfahrungen mit der eigenen Erlebniswelt und dem Kontakt mit psychiatrischen Interventionen als Betroffene fühlen. Diese lehnen zumeist die Patientenrolle ab, rechnen sie einer schmerzlichen Vergangenheit zu, oder reduzieren sie auf einen beschränkten Bereich ihrer Gesamtperson. Dem Betroffenenbegriff im deutschen Sprachraum entsprechen in anderen Ländern auch andere Bezeichnungen. Zum Beispiel: Nutzer ("users"); Ex-Insassen ("ex-inmates"), Konsumenten ("consumers"), Rezipienten (von Dienstleistungen), Überlebende ("survivors").

psychosozialen Bereich heraus entstanden sind, wobei es besonders in den USA viele Querverbindungen zu den anderen Strömungen gibt.

Die traditionelle Psychiatrie steht Autonomiebestrebungen der Betroffenen, vor allem, wenn es sich um organisierte Formen handelt, zumindest skeptisch, oft aber ablehnend gegenüber. In der psychiatrischen Rehabilitation werden solche Tendenzen unterstützt. Hier wird betont, daß "psychisch behinderte" Menschen, Fähigkeiten haben, daß sie neue Zusammenhänge erlernen und insbesondere auch arbeiten können. Neuere Ansätze in der Rehabilitationsforschung, wie das "Psychiatrische Rehabilitationsmodell" von Anthony an der Universität Boston (Anthony et al. 1990) oder das "social skills training program" von Liberman an der U.C.L.A. (Liberman 1986), setzen diese Fähigkeiten sogar sehr hoch an. Beide betonen jedoch, daß Menschen mit psychischen Behinderungen sich zwar selbständig Ziele setzen können, für ihre Realisierung jedoch spezifische Hilfen und Lernschritte benötigen.

Ein anderer Ansatz geht von der Annahme aus, daß es sinnvoller ist, Menschen direkt in die Arbeitsumgebung einzugliedern, damit sie die notwendigen Fertigkeiten in vivo erlernen können. Das Paradebeispiel dieses Modells ist der Fountain-House-Ansatz mit seiner Übergangsarbeit (Black 1988). Ein weiteres Beispiel sind die "supported work" Programme, die das bisher gängige Prinzip - erst unter geschützten Bedingungen trainieren und dann einen geeigneten Arbeitsplatz finden - dahingehend umgekehrt haben, daß zunächst ein Arbeitsplatz gefunden wird und dann die für diesen Arbeitsplatz notwendigen Fähigkeiten trainiert werden (place-train) (Wehman & Moon 1988). Weitere Beispiele, in denen Sozialstrukturen als wesentliche Matrix der Arbeitsrehabilitation genutzt werden, sind das "Fairweather-Lodge-Modell" mit seinem Prinzip der Gruppenautonomie und Gruppenarbeit (Fairweather 1980) und die besonders in Deutschland erfolgreichen Integrationsbetriebe (soziale Firmen), in denen ehemalige Patienten zusammen mit Facharbeitern an normalen Arbeitsplätzen in normalen Firmen zusammenarbeiten (Seyfried 1990). Die jeweiligen Modelle mit ihren unterschiedlichen Ansätzen führen zu ebenso unterschiedlichen Rehabilitationsergebnissen, wobei mit wenigen Ausnahmen (z.B. Fairweather) kontrollierte Studien fehlen oder wenig Überzeugendes bieten (Bond & Boyer 1988).

Rehabilitative Einrichtungen, von Betroffenen selbst geleitet und unabhängig von "professioneller" Unterstützung organisiert, sind heute noch die Ausnahme. Bei solchen Projekten werden den Betroffenen relativ weitgehende Fähigkeiten zugesprochen. Gleichzeitig kommt das Prinzip der Zusammenarbeit in einem sozialen Netz voll zur Geltung. Außerdem besteht die Möglichkeit, innerhalb der Organisation aufzusteigen und an gesamtbetrieblichen Entscheidungsprozessen beteiligt zu sein.

Dieser Artikel und unsere Forschungsarbeit in den USA gehen von der Annahme aus, daß die Ergebnisse des Rehabilitationsprozeßes mit zunehmend verantwortlicher Beteiligung von Betroffenen besser werden. Diese Behauptung, daß ein Zusammenhang zwischen der Einbeziehung von Betroffenen und dem Rehabilitationsergebnis besteht, bedarf natürlich eines schlüssigen Nachweises.

In den USA hat das National Institute of Mental Health (NIMH) diese Fragestellung schon vor mehr als zehn Jahren aufgegriffen und dementsprechend Förderungsgelder zur Verfügung gestellt. Im Jahre 1987 wurden zwei Betroffenenprojekte mit jeweils etwa $400.000 dotiert: das Oakland Independence and Support Center, ein Sozialhilfe- und Kommunikationszentrum für Obdachlose mit psychiatrischen Problemen und die Outreach Advocacy and Training Services (OATS) des Projektes SHARE in Philadelphia (Van Tosh 1990), ein Fürsprache- und Ausbildungsprogramm, das sich ebenfalls an Obdachlose richtete. Durch die staatlichen Forschungsgelder wurden diese Betroffenenprogramme in ein Dilemma gebracht: sie mußten psychiatrische Denkweisen und Termini verwenden, obwohl sie diese im Grunde ablehnten (Harp 1992). 1988 finanzierte das NIMH weitere dreizehn von Betroffenen geleitete Modellprojekte in ebensovielen U.S.Bundesstaaten mit etwa fünf Millionen Dollar.

Fast alle diese Programme arbeiteten im Dienstleistungsbereich und beschäftigten in den verschiedenen Verwaltungs- und Betreuerpositionen ausschließlich Betroffene. Die unterschiedlichen Ergebnisse dieser offenen Experimente werden zur Zeit einer Meta-Analyse unterzogen (Van Tosh 1992).

2. Share Your Bounty Inc.: Eine selbstverwaltete Lebensmittelbank

Eines dieser dreizehn Projekte entstand an einem psychiatrischen Krankenhaus (Bronx Psychiatric Center) im Verantwortungsbereich des Erstautors. Dabei handelte es sich um eine Firma, die überschüssige Nahrungsmittel sammelte und an Obdachlose in New York verteilte. Dieses Projekt entwickelte sich nach einer Idee von Betroffenen, die zum Teil selbst einmal obdachlos gewesen waren. Am Anfang waren alle beteiligten Patienten auf einer offenen Übergangsstation dieses 600-Betten-Krankenhauses. Nachdem sie in sich ein starkes soziales Engagement entdeckten, wurde die Idee und deren Ausführung vom Stationspersonal tatkräftig unterstützt. Supermärkte und Lebensmittelläden in der Umgebung der Klinik wurden kontaktiert, die gesammelten Nahrungsmittel in einem eigens dafür bereitgestellten Raum verpackt und von den Arbeitern mit öffentlichen Verkehrsmitteln an mehrere strategische Punkte in Manhattan und der Bronx gebracht, wo sich die Obdachlosen trafen. Nach einiger Zeit übersiedelten die meisten Projektmitarbeiter in Wohngemeinschaften. Ihre Arbeit wurde zunehmend unabhängiger, das Stationspersonal zog sich auf Beraterpositionen zurück. Die Kontakte zum Personal fanden immer nur auf Bitten der Projektmitarbeiter statt und beschränkten sich auf Beratung in Fragen der Geschäftsführung und Finanzierung. Der Antrag an das NIMH auf eine Projektfinanzierung wurde 1988 positiv beschieden.

Im Zuge der weiteren Durchführung gründeten die Mitarbeiter einen gemeinnützigen Verein, dessen Vorstand nur aus Betroffenen bestand. Sie schlossen Verträge mit der Landesregierung, damit die Bundesgelder an ihren Bestimmungsort gelangen konnten. Sie mieteten ein Büro inmitten eines Geschäftszentrums an, kauften einen Lieferwagen, und stellten sechzehn ihrer Kollegen fix an. Die Aufgabenverteilung innerhalb der Firma führte zu sieben verschiedenen Arbeitsbereichen und dem dazugehörigen Personal: Projektleitung (1); Schichtmanager (2); Buchhaltung (2); Bürohilfe (2); Öffentlichkeitsarbeit (2); Fahrer (2) und Verteiler (6-10). Ihren Stundenlohn legten sie mit $6.50 (ca. DM 10,-) deutlich höher als den gesetzlichen Mindestlohn von $3.95 fest. Diesen Lohn bekamen sowohl Angestellte im Verwaltungsbereich als auch die Verteiler, wobei die Projektleitung etwas mehr Wochenstunden arbeitete. Durchschnittlich ergaben sich etwa zwanzig Wochenstunden pro Mitarbeiter.

Die Produktivität der Gruppe stieg von etwa 250 kg verteilten Nahrungsmittel pro Monat auf das zehnfache (ca. 2 Tonnen) und hielt sich fast zwei Jahre auf diesem Niveau. Im Verlauf der offiziellen Projektdauer (3 Jahre) waren 25 Betroffene für mindestens sechs Monate beschäftigt. Zuvor waren sie im Mittel 12 Monate stationär behandelt worden (4-96 Monate) und hatten insgesamt 3.5 Krankenhausaufenthalte vorzuweisen (1-12). Nach Ende der dreijährigen Finanzierungsperiode lief das Projekt noch acht Monate weiter, konnte aber als Ganzes nicht aus lokalen Mitteln weiterfinanziert werden.

Erste Ergebnisse: Von den 16 Mitarbeitern, die mehr als 12 Monate in dem Betrieb gearbeitet hatten, waren ein Jahr nach Projektende 9 teil- oder vollzeitbeschäftigt (56%); 3 waren in geschützten Werkstätten tätig (19%), zwei weitere arbeitslos. Ein Teilnehmer studierte, während ein weiterer an Asthma verstorben war. In den ersten beiden Projektjahren kam nur ein Mitarbeiter zur stationären

Wiederaufnahme; im dritten Jahr waren es zwei weitere und im Jahr nach Projektende folgten drei Aufnahmen. Nur eine betraf einen bisher noch nicht rehospitalisierten Mitarbeiter. Die mittlere Verweildauer lag mit 28 Tagen deutlich unter dem vorangehenden Durchschnitt. Die Rehospitalisierungsquote war damit ebenso deutlich unter der von ca. 60 % eines unselektierten Entlassungssamples.

Natürlich kann man die Ergebnisse dieses Projektes auf Grund der relativ kleinen Zahl der Beteiligten und der Selbstselektion in Frage stellen. Andererseits finden im allgemeinen nach einem Jahr Klinikaufenthalt nur etwa 10 % der entlassenen Patienten trotz intensiver Bemühungen einen bezahlten Arbeitsplatz (vgl. Bond & Boyer 1988). Bei diesem Projekt ging es aber nicht allein um die Arbeitsplatzbeschaffung und das Erreichen von selbstgesteckten Rehabilitationszielen, sondern vielleicht noch mehr um ein kooperatives Arbeiten in einer selbstverwalteten Gruppe, die sich einer helfenden Tätigkeit widmete, ohne dazu von professionellem Personal angeregt oder überwacht zu werden.

3. Peer Specialists: Betroffene als Mitarbeiter von Betreuungsteams

In einem weiteren Forschungsprojekt untersuchten wir den spezifischen Beitrag, den Betroffene in der Betreuung und Rehabilitation anderer leisten können. Dazu wurden drei ehemalige Patienten ("peer specialists") und drei Laienhelfer ohne Psychiatrieerfahrung ("paraprofessionals") jeweils zufällig einer Klientengruppe zugeteilt. Die Klienten wurden gleichzeitig von ausgebildeten Sozialarbeitern (case manager) intensiv betreut.

In der experimentellen Gruppe bestand das Team aus 3 Betroffenen und 12 Sozialarbeitern, die 120 Klienten betreuten. Als erste Vergleichsgruppe diente das Team mit den 3 Laienhelfern und 12

Sozialarbeitern, die ebenfalls 120 Klienten zu betreuen hatten. In der zweiten Vergleichsgruppe betreuten 9 Sozialarbeiter 90 Klienten ohne zusätzliches Personal.

Alle Klienten waren Personen, die eine intensive Betreuung benötigten. 60% hatten zahlreiche Rezidive und stationäre Behandlungen erlebt, 34% waren langfristig über Jahre hospitalisiert und 6% waren zu Beginn der Studie obdachlos. 57% hatten die Diagnose einer schizophrenen Störung, bei 18% waren affektive Störungen und bei 13% anderweitige psychotische Störungen diagnostiziert worden. 46% hatten zusätzlich Probleme mit Alkohol und/oder illegalen Drogen. Das mittlere Alter lag bei 40,1 Jahren, nur 31% hatten einen höheren Schulabschluß, 85% waren arbeitslos und 67% ledig.

170 Klienten aus allen drei Gruppen wurden zu Beginn des Projektes und dann alle sechs Monate mit Hilfe eines strukturierten Fragebogens interviewt. Die übrigen konnten aus unterschiedlichen Gründen nicht in die Untersuchung einbezogen werden, überwiegend weil sie ein Interview verweigerten. Die folgende Auswertung bezieht sich auf diejenigen 114 (67,1%) Klienten, die an mindestens zwei Folgeuntersuchungen teilnahmen. Von den 56 nicht Nachuntersuchten waren die meisten (68%) nicht auffindbar, 21% verweigerten das Interview, 8% waren verstorben und 3% waren wegen massiver Verschlechterungen der Symptomatik nicht in der Lage, das Interview durchzuführen.

Die Interviews wurden von speziell ausgebildeten, unabhängigen Forschungsassistenten durchgeführt, denen die jeweilige Gruppenzugehörigkeit der Klienten nicht bekannt war. Die Interviews dauerten etwa 90 Minuten. Der Fragebogen besteht aus semistrukturierten und strukturierten Skalen. Im einzelnen erfaßt er die folgenden Bereiche:

- Gefühle von Hoffnungslosigkeit (Beck et al. 1974);

- Aussicht auf Genesung (Felton, Donahue & Shern 1990);

- Selbstwertgefühl (Rosenberg 1965);

- das Gefühl, die bestehenden Probleme bewältigen zu können (Pearlin & Schooler 1978);

- die Anzahl unbewältigter Probleme (Felton, Donahue & Shern 1990);

- das soziales Netz und die soziale Unterstützung (Cohen & Hobermann 1983);

- Einschätzung der Lebensqualität, insgesamt und in sieben Teilbereichen (modifiziert nach Lehman 1988);

- aktuelle Therapie und ihre Bewertung (Donahue, Felton & Shern 1990).

Zusammengefaßt fanden sich nach einem Jahr Betreuung folgende Ergebnisse: Für die Klienten aller drei Gruppen ergaben sich im Vorher-Nachher-Vergleich statistisch signifikante Besserungen in den folgenden Bereichen: eine optimistischere Aussicht auf Genesung (p=0.007); ein gesteigertes Selbstwertgefühl (p=0.008); eine Reduktion der Anzahl unbewältigter Probleme (p=0.002); eine Verbesserung der Lebensqualität insgesamt (p=0.005) und in den Teilbereichen Finanzen (p=0.002) bzw. Gesundheit (p=0.001).

Die experimentelle Gruppe, also diejenigen Klienten, die von Betroffenen mitbetreut wurden, erzielten zusätzlich zu den obigen Ergebnissen statistisch signifikante Verbesserungen in den folgenden Bereichen: sie hatten häufiger und stärker das Gefühl, die anstehenden Probleme und Schwierigkeiten meistern zu können (p=0.011). Darüberhinaus hatte sich ihre Lebensqualität v.a. in den Bereichen Finanzen (p=0.084), rechtliche Situation/Sicherheit (p=0.068) und Gesundheit (p=0.066) überzufällig verbessert.

Es zeigt sich somit, daß die Mitarbeit von Betroffenen, also Menschen, die selbst mit psychiatrischen Behinderungen zu kämpfen haben, deutlich zur Verbesserung des Gesamtzustandes und der Lebensqualität von chronisch psychisch Kranken beitragen kann. Dazu finden sich auch wichtige Ergebnisse aus der qualitativen Begleituntersuchung (Welle et al. 1993). Trotz schwieriger Arbeitsbedingungen zeigten sich die Betroffenen in der Betreuung als belastbar und ausdauernd. Ein Betroffener und ein Laienhelfer beendeten das Projekt vorzeitig. Ein weiterer Betroffener wechselte auf eine höher bezahlte Stelle als Programmierer. Alle drei Stellen konnten umgehend neu besetzt werden. Die neu beschäftigten Personen blieben bis zum Projektabschluß. Nach Ende des Forschungsprojektes im August 1992 wurden alle Betroffenen von der Landesbehörde übernommen und arbeiten weiterhin im psychosozialen Versorgungsbereich. Die drei Laienhelfer fanden Anstellung in einer privaten Rehabilitationseinrichtung.

4. Schlußfolgerungen

Diese beiden Projekte gehören zu den ersten einer laufenden Serie von ähnlichen Untersuchungen, deren Ergebnisse größtenteils noch ausstehen. In den Bundesstaaten Colorado, Pennsylvania, Kalifornien und Michigan haben sich ebenfalls erste Erfolge bei der Einstellung ehemaliger Patienten im Versorgungsbereich gezeigt. In den meisten Fällen arbeiten sie als Betreuer, entweder unabhängig oder im Team mit professionellen Sozialarbeitern.

Zahllose autonome Betroffenengruppen sind in Krisenintervention, Sozialhilfe, Obdachlosenbetreuung, Arbeitsrehabilitation und Selbsthilfe tätig. Die wissenschaftliche Auswertung dieser Projekte steht noch aus, obwohl sich deren Effizienz intuitiv abzeichnet. Eigenständige örtliche und nationale Vernetzungen breiten sich rapide aus und bieten den einzelnen Betroffenen, die in den jeweiligen Projekten arbeiten, einen wesentlichen Rückhalt. Für uns steht fest, daß diese Entwicklung das Bild der psychiatrischen Rehabilitation grundlegend verändern wird. Ob sich dies auch auf die große Zahl der noch abseits von Arbeitsplatz und gesellschaftlicher Eingliederung stehenden Betroffenen auswirken wird, sei dahingestellt. Tatsache bleibt, daß Betroffene nicht nur ihr eigenes Leben in eine selbstbestimmte Richtung lenken, sondern auch das Leben ihrer weniger weit fortgeschrittenen "Kollegen" positiv mitgestalten können. Es liegt nicht zuletzt an den Klinikern, diese Ansätze aufzugreifen, und in Zusammenarbeit mit Betroffenen auf ein partnerschaftliches und erfolgsgeprägtes Versorgungssystem hinzuarbeiten.

Literatur:

Anthony, W., Cohen, M. & Farkas, M.: Psychiatric Rehabilitation, Center for Psychiatric Rehabilitation, Boston, Massachusetts 1990

Beck, A., Weissman A., Lester, D., Trexler, D.: The Measurement of Pessimism: The Hopeless Scale. Journal of Consulting and Clinical Psychology, Vol. 41, No. 6 (1974): 861-865

Black, B. J.: Work and mental illness. Transitions to employment. Baltimore and London: The Johns Hopkins University Press 1988

Bond, G. R., & Boyer, S. L.: Rehabilitation programs and outcomes. In: Ciardello, J. A., & Bell, M. D. (eds.) Vocational Rehabilitation of Persons with Prolonged Psychiatric Disorders. Baltimore and London: The Johns Hopkins University Press 1988

Chamberlin, J.: On Our Own. Client-controlled alternatives to the mental health system (1978)

Cohen, S. , Hobermann, H.: Positive Events and Social Supports as Buffers of Life Changes Stress. Journal of Applied Social Psychology, 13/2 (1983): 99-125

Donohue, S., Felton, H., Shern, D.: Bureau of Evaluation and Services Research. New York State Office of Mental Health, Albany, New York 1990

Fairweather, G.W. (ed.): The Fairweather Lodge: A Twenty Five Year Retrospective. New Directions for Mental health Services San Francisco: Jossey Bass 1980

Felton, H., Donohue, S., Shern, D.: Bureau of Evaluation and Services Research. New York State Office of Mental Health, Albany, New York 1990

Felton, H., Stastny, P., Shern, D., Donohue, S., Blanch, A. & Knight, E.: Proceedings of the Third Annual National Conference, National Association of State Mental Health Program Directors Research Institute, Baltimore, Maryland, October (1993): 21-23

Fisher, D. B.: A new vision of healing: A reasonable accomodation for consumers/survivors working as mental health providers. Consensus Validation Conference on Strategies to Secure and Maintain Employment for People with Long-Term Mental Illness, The National Institute on Disability and Rehabilitation Research, September 21-23 (1992): 36-47

Greenfield, T. K. & Stoneking, B.: Adding trained consumers to case management teams as service coordinators: Research design and early outcomes. Presented at the 119th Annual Meeting of the American Public Health Association, Atlanta, Georgia November 10 14 (1991)

Harp, H. T.: Empowerment of mental health consumers in vocational rehabilitation. In: Consensus Validation Conference on Strategies to Secure and Maintain Employment for People with Long-Term Mental Illness, The National Institute on Disability and Rehabilitation Research, September 21-23 (1992): 30-35

Kempker, K. & Lehmann (Hrsg.): Statt Psychiatrie. Antipsychiatrieverlag, Berlin 1993

Lehmann, A.: A Quality of Live Interview for the Chronically Mentally Ill. Evaluation and Programm Planing 11 (1988): 51-125

Liberman, R. P., Mueser, K.T., Wallace, C.J.: Social skills training for schizophrenic individuals at risk for relapse. American Journal of Psychiatry 143 (1986): 523 526

Mowbray, C.T., Chamberlin, P., Jennings, M., & Reed, C.: Consumer-run mental health services: Results from five demonstration projects. Community Mental Health Journal 24 (1988): 151-156

Nikkel, R. E., Smith, G., & Edwards, D. A.: Consumer operated case management project. Hospital and Community Psychiatry 43 (1992): 577-579

Rosenberg, M.: Society and the Adolescent Self-Image. Princeton University Press, Princeton, New York 1965

Seyfried, E.: Neue Formen der Arbeit für psychisch Kranke. Psychiat. Prax. 17 (1990): 1-77

Sherman, P.S. & Porter, R.: Mental health consumers as case management aides. Hospital and Community Psychiatry 42 (1991): 494-498

Van Tosh, L.: Final report and evaluation of Outreach, Advocacy and Training Services for the Mentally Ill Homeless (Project OATS). Philadelphia: Project SHARE and Mental Health Association of Southeastern Pennsylvania 1990

Van Tosh, L.: Persönliche Mitteilung 1992

Wehman, P. & Moon, M.): Vocational Rehabilitation and Supported Employment. Baltimore: Brookes 1988

Welle, D., Stastny, P., & Brown, C.: Peer Specialists as Members of Intensive Case Management Teams: Qualitative Findings. In: Proceedings of the Third Annual National Conference, National Association of State Mental Health Program Directors Research Institute, Baltimore, Maryland, October 21-23 (1993)

VI. DAS PASS - PROGRAMM: MODELLIERUNG DYNAMISCHER ZUSAMMENHÄNGE IN DER BERUFLICHEN REHABILITATION CHRONISCH PSYCHISCH KRANKER

Zeno Kupper, Holger Hoffmann und Jean-Pierre Dauwalder

In dieser Arbeit werden einige theoretische Überlegungen zur Rehabilitation chronisch psychisch Kranker dargestellt. Dabei wird auf Schwächen in den heutigen Modellvorstellungen von Chronizität hingewiesen. Chronisch psychisch Kranke werden mit der Dauer der Erkrankung meist auch zunehmend sozial und beruflich ausgegliedert. Trotzdem finden sich in der Literatur wenig Angaben zu spezifischen Verhaltensweisen chronisch psychisch Kranker und zur Natur oder Ursache ihrer Schwierigkeiten. Im Bereich der Rehabilitation fehlen formalisierte Modelle und empirische Resultate zum Zusammenwirken verschiedener Interventionen. Das Pass-Programm zur beruflichen Rehabilitation stellt den klinischen Hintergrund zu unseren Ansätzen der Modellierung dar. Chronische psychische Erkrankungen werden in unserem Ansatz als "dynamische Krankheit" mit vitiösen Zirkeln verstanden. Mit dem Ansatz der "kinetischen Logik" werden mögliche Zusammenhänge in einem Modell formalisiert und die daraus folgende Systemdynamik dargestellt. Modellierungen und Simulationen erscheinen als vielversprechend für die Integration von theoretischen Aussagen, für die Bildung von empirisch untersuchbaren Hypothesen, deren Überprüfung und schließlich für die Verbesserung der Praxis der Rehabilitation chronisch psychisch Kranker.

1. Der Begriff PASS und der klinische Rahmen unserer Forschungsarbeit

Das *PASS* Programm ist ein ambulantes Rehabilitationsprogramm für chronisch psychisch Kranke und stellt gleichzeitig den klinischen Rahmen der hier vorgestellten Forschungsarbeit dar. Das Programm wurde - als Weiterentwicklung der an der Sozialpsychiatrischen Universitätsklinik Bern seit 1967 bestehenden beruflichen Rehabilitationseinrichtungen - in den letzten Jahren konzeptuell erarbeitet (Hoffmann et al. 1992) und klinisch erprobt (Hoffmann & Kupper 1993). In diesem ambulanten Programm wird die berufliche Rehabilitation chronisch psychisch Kranker angestrebt. Dabei sollen der Einbezug von natürlichen oder neu zu schaffenden ökologischen Ressourcen eine dauerhafte Rehabilitation ermöglichen. Arbeitsrehabilitation wird somit nicht mehr einzig als Training von Arbeitsfähigkeiten verstanden, sondern als Prozeß im Kontext von Person, Arbeit und Sozialem System. In der Abkürzung PASS steht P für die individuelle Ebene der Person, der ein Arbeitstraining und ein Training sozialer Fertigkeiten in einer verhaltenstherapeutisch orientierten Gruppentherapie (vgl. Liberman et al. 1986, Roder et. al. 1985, Feldhege & Krauthan 1979) angeboten wird. A bezieht sich auf die Ebene der Arbeit, bei der die Rehabilitation zum großen Teil (ca. 1 Jahr) an Trainingsarbeitsplätzen in der freien Wirtschaft erfolgt. An diesen Trainingsarbeitsplätzen und an definitiven Arbeitsplätzen unterstützt eine mobile Rehabilitationsequipe vorgesetzte Mitarbeiter und die Teilnehmer am Programm. Die beiden S stehen für das soziale System und den Einbezug und die Unterstützung des sozialen Umfeldes. Meist ist dies die Familie, die monatlich zu systemisch orientierten familientherapeutischen Sitzungen (Simon 1990) eingeladen wird. Die Teilnehmer am Programm sind in erster Linie jüngere schizophrene Patienten (71%), weiter auch Patienten mit manisch-depressiven Psychosen

(12%) und Persönlichkeitsstörungen (12%). Eine manifeste
Suchtproblematik gilt als Ausschlußkriterium.

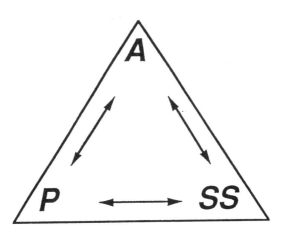

Abb. 1: PASS - das systembezogene berufliche Rehabilitationsprogramm

Die Abkürzung PASS steht aber auch für eine Sichtweise und einen
entsprechenden Forschungsansatz, in dem Chronizität und Rehabilitation im dynamischen Zusammenwirken von Person, Arbeit und sozialem System untersucht werden. "Dynamisch" bezieht sich hier
auf den Einbezug der Entwicklungen und gegenseitigen
Beeinflussungen der Variablen im Zeitverlauf. Dabei sollen erstens
bisherige Befunde zu Chronizität und Rehabilitation integriert
werden und zweitens allgemeine und individuumbezogene Modelle
der Zusammenhänge gebildet werden. Diese Modelle werden

formalisiert und damit simulationsfähig (vgl. Troitzsch 1990).
Drittens sollen entsprechende empirische Untersuchungen, v. a.
multivaritate Zeitreihenanalysen (Schmitz 1989), vorgenommen
werden. Die vorliegende Arbeit widmet sich in erster Linie dem
Aspekt der Modellierung.

2. Modelle von chronischer psychischer Krankheit und Rehabilitation

Eine der häufigsten Diagnosen, die sich bei chronisch psychisch
Kranken findet, ist Schizophrenie. Verlaufsstufen zur Schizophrenie
zeigen übereinstimmend heterogene Verlaufstypen mit ungefähr einem Drittel ungünstiger Verläufe (Ciompi & Müller 1976). Auf der
Basis der Vulnerabiltätshypothese entwickelte Ciompi ein psycho-
sozio-biologisches Verlaufsmodell der Schizophrenie, das die Ent-
stehung einer prämorbiden Vulnerabilität, die akute Dekompensation
und den Langzeitverlauf darstellt (Ciompi 1982). Dieses und andere
Modelle wie z. B. das von Nuechterlein & Dawson (1984) oder von
Brenner et al. (1992) sind von großem heuristischem Wert, sind
aber wenig geeignet, Voraussagen für den Einzelfall zu machen.
Dies mag am Gegenstand des Modells - der Schizophrenie - liegen,
die vom klinischen Standpunkt aus gerade durch ihren unvorhersag-
baren Verlauf imponiert. Diesem Pfad folgend formulierte Ciompi
seit Beginn der achtziger Jahre die Hypothese der Schizophrenie als
dissipative Struktur oder als deterministisch-chaotisches Geschehen
(Ciompi 1982, Ciompi et al. 1992). Eine zweite Beschränkung bis-
heriger Modelle liegt in ihrer im wesentlichen sprachlichen und
nicht formalisierten Struktur. Mathematisch formalisierte Modelle
weisen verglichen mit sprachlichen Modellen, unterschiedliche wissenschaftliche Vorteile auf (Bunge 1983). Weiter wurden in diesen

Modellen eher allgemeingültige als einzelfallbezogene Zusammenhänge verdeutlicht.

Die empirische Basis der Modelle besteht zum einen Teil aus
Querschnittuntersuchungen. Für unsere Fragestellung ist u. a. der
Zusammenhang zwischen Psychopathologie und zukünftiger Ar-
beitsanpassung von grosser Bedeutung. In vielen Studien fanden sich
keine derartigen Zusammenhänge (s. Übersicht bei Anthony & Jansen, 1984). Auch bei Ciompi et al. (1979) erwiesen sich psychopathologische Variablen als relativ schlechte Prädiktoren. Diese Befunde können aber nicht als definitiv gelten, da statt wirklichen Ver-
laufsdaten meist nur zwei Querschnitte erhoben wurden. Schließlich
weist eine zusammenfassende Würdigung der bisherigen Befunde
daraufhin, daß sich der Langzeitverlauf der Schizophrenie immer
stärker vom eigentlichen spezifischen Krankheitsgeschehen weg bewegt und mehr durch Bewältigungsverhalten, d. h. den Umgang mit
der Störung bedingt wird (Hoffmann & Ciompi 1992).

Bei der Durchsicht der Literatur zur Rehabilitation chronisch psychisch Kranker - womit hier wiederum in erster Linie Schizophrene
gemeint sind - stellt man fest, daß es eine Vielzahl von in der Praxis
erprobten Ansätze gibt (vgl. Hippius et al. 1989, Liberman 1992a).
Allerdings ist die Zahl der Interventionen, die in kontrollierten Studien überprüft wurden und sich als effektiv erwiesen haben, relativ
gering (Olbrich 1992). Unter anderem sind dies Ansätze zum Social
Skills Training (Liberman et al.1986, Falloon 1990), die Behandlung mit Neuroleptika und Kombinationen dieser Ansätze (Hogarty
et al. 1986, 1991).

Für die praktische Entscheidung, welche Intervention oder welche
Kombination von Interventionen bei einem bestimmten Patienten
vorgeschlagen werden soll, fehlen empirisch fundierte, differentielle
Indikationskriterien bisher weitgehend.

Interventionsstudien haben bisher nur in einzelnen Fällen entsprechende Hinweise geliefert, indem systematisch mehrere Behandlungen und deren Kombinationen evaluiert wurden (z.b. Hogarty et al.
1991). Alle verfügbaren Behandlungsmethoden, die sich als einzelne
Intervention wirksam erwiesen haben, miteinander zu kombinieren,
kann längerfristig weder wirtschaftlich noch wissenschaftlich eine
befriedigenden Lösung sein, obwohl diese Art des Vorgehens heute
oft die bestmögliche Wahl darstellt. Zusammenfassende sprachliche
und graphisch dargestellte Modelle zur Rehabilitation, von denen
Hinweise für eine gezieltere Indikation von rehabilitativen Maßnahmen zu erhoffen wären, finden sich etwa bei Liberman (1992b). Sie
haben, wie die oben genannten Modelle zum Verlauf der Schizophrenie, den unbestrittenen Wert, postulierte Zusammenhänge in einer verständlichen Form dazustellen.

Betrachtet man sich diese Modelle, wie auch jenes in Abb. 1
dargestellte zum Pass-Programm, aber kritisch, so kann man feststellen, daß die graphisch eindrücklich gestalteten Verknüpfungen
inhaltlich wenig aussagekräftig sind. Die in diesen Modellen gemachten Aussagen sind durchwegs von Typ "X hängt mit Y zusammen" oder "X spielt auch eine Rolle". Wie dieser Einfluß wirkt,
welche Stärke er hat, unter welchen Randbedingungen er auftritt,
und wie verschiedene, auf eine Variable einwirkende Faktoren
zusammenwirken, bleibt jedoch offen.

Es soll nun nicht behauptet werden, daß es beim heutigen Stand
des Wissens möglich sei, endgültige, formalisierte Modelle von
Krankheits- oder Rehabilitationsverläufen zu bilden, aus denen dann
beim Einzelfall begründete Interventionen folgen würden. Sollen
aber Fragen über das Zusammenwirken verschiedener Variablen im
Bereich der Verläufe geklärt werden, so scheint es hilfreich, formalisierte dynamische Modelle zu entwickeln. Diese Modelle können
erstens auf die Übereinstimmung mit theoretisch postulierten Zusammenhängen, zweitens auf ihre Übereinstimmung mit empirischen

Beobachtungen und drittens auf ihre Fähigkeit, auf Interventionen ähnlich wie die real interessierenden Variablen zu reagieren (Levine et al. 1992) überprüft werden.

3. Ein einfaches Modell von Chronizität mittels kinetischer Logik

Ein vergleichsweise einfaches Verfahren, sprachliche Aussagen zu systematisieren und in ein mathematisches Modell zu überführen, bietet die Methode der "Kinetischen Logik" (Thomas 1979, Thomas & D`Ari 1990). Diese Methode wurde in der Psychiatrie und der Psychologie bisher noch kaum verwendet. Aus unserer Gruppe gibt es erste Arbeiten zur Übertragung dieser Methode auf Zusammenhänge in der Dynamik der Schizophrenie (Ciompi et al. 1992) und der Chronizität bzw. Rehabilitation (Dauwalder et al. 1992). Bei der allgemeinen Form der Methode ('Generalized Kinetic Logic', Snoussi et al. 1990) werden als erstes die Wirkungen zwischen verschiedenen Variablen eines System definiert. Jede Variable wird dann entsprechend der Anzahl von Ansatzpunkten, die sie im System hat, in Niveaus ihrer Ausprägung eingeteilt. Als Beispiel hat eine Variable, die an zwei Orten im System wirkt, drei Niveaus. Niveau "0" bedeutet, die Variable ist so gering ausgeprägt, daß sie überhaupt nicht wirkt. Niveau "1" meint, daß die Variable den ersten Schwellenwert für ihre Wirksamkeit überschritten hat und auf eine andere Variable wirkt. Das Niveau "2" schließlich bezeichnet den Zustand, in dem die Variable so stark ausgeprägt ist, daß sie an beiden Ansatzpunkten eine Wirkung erzielt. Die Stärke der Wirkungen von einzelnen Variablen auf andere und die Wirkungen von Kombinationen dieser Effekte werden mit sogenannten K-Werten ausgedrückt.

Diese Einteilung von Variablen in Niveaus mag zuerst grob erscheinen und der Komplexität psycho-sozio-biologischer Phänomene
nicht angepaßt sein. Das Denken im klinischen Kontext ist jedoch
oft von ähnlichen Schwellenwert-Überlegungen bestimmt: es wird
davon gesprochen, daß ein Patient "jetzt wieder psychotisch" ist.
Damit wird ein Zustand "psychotisch" von einem Zustand "nicht
psychotisch" unterschieden, was genau einer solchen Einteilung entspricht.

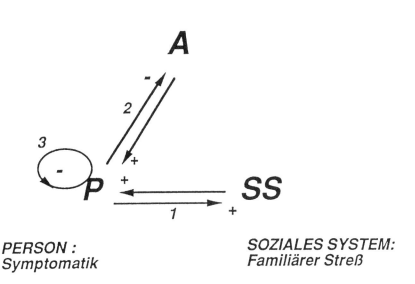

Abb. 2: Ein kinetisch - logisches Modell von Chronizität

Abb. 2 zeigt einen Versuch, Chronizität in den Begriffen von *P-A-
SS* und Kinetischer Logik zusammenzufassen. Die Variable *P* steht
in diesem Modell für die Symptomatik der Person. Darunter ist bei
chronischen Patienten ein interindividuell stark variierendes Verhal-

tensmuster zu verstehen, das -je nach Betrachtungsweise- positive und/oder negative Symptomatik und Copingmechanismen einschließt. Dieses individuell charakteristische symptomatische Verhalten erhöht den Streß im sozialen System, welcher wiederum die Symptomatik erhöht. Damit entsteht hier eine positive Feedbackschlaufe, die zu gegenseitiger Aufschaukelung führt.

Bezogen auf das Zusammenwirken von Symptomatik und Arbeitsanforderungen schlagen wir eine negative Feedbackschlaufe vor. Negative Feedbackschlaufen tendieren definitionsgemäß zur Beibehaltung eines Gleichgewichtszustandes. Wird eine Variable in eine bestimmte Richtung ausgelenkt, so pflanzt sich die Wirkung in der negativen Feedbackschlaufe so fort, das dieselbe Variable wieder zurück in die Gegenrichtung bewegt wird. Hier bedeutet das beispielsweise, daß eine Erhöhung der Symptomatik die Reduktion der Arbeitsanforderungen (oft in Form eines Stellenverlustes) bewirkt, und dies hat wiederum mittelfristig betrachtet (vgl. unten die Frage des "Zeitrasters") zur Folge, daß die Symptomatik abnimmt.

Das Modell (Abb. 2) bezieht sich in erster Linie auf in der Gemeinde lebende chronisch psychisch Kranke, bei denen extreme Grade von Symptomatik seltener sind als bei dauerhospitalisierten Patienten. Um aber ein vollständiges Bild möglicher Entwicklungen aufzuzeigen, haben wir in unser Modell auch extreme Spitzen der Symptomatik aufgenommen (Niveau "3" der Symptomatik). Wir nehmen an, das derartige Spitzen aufgrund unterschiedlicher Faktoren (z.B. starker Rückzug, Erhöhung der Medikation, kurzfristige Hospitalisation) bei der uns interessierenden Population relativ rasch wieder abgebaut werden. Aus Gründen der Übersichtlichkeit und Sparsamkeit des Modells haben wir dieses Geschehen als auf sich selbst gerichtete negative Wirkung formalisiert.

Die Dauer bestimmter Zustände und die Zeit, die für einen ganz bestimmten Übergang in einen anderen Zustand benötigt wird, kann bei einem kinetisch-logischen Modell offen gelassen werden. Es ist zudem möglich, daß diese Takte im selben System je nach Übergang unterschiedlich sind. Trotzdem können die potentiell möglichen Veränderungen untersucht werden. Es muß aber immer beachtet werden, daß generell bei der Untersuchung zeitverschobener Zusammenhänge zwischen Variablen die Art der Zusammenhänge, die dabei angenommen werden müssen bzw. gefunden werden, entscheidend vom Zeitraster abhängen (vgl. Schmitz 1989). Wenn also ein bestimmtes kinetisch-logisches Modell entwickelt wird, ist es somit dringend angezeigt, die zeitliche Abfolge wenigstens in ihrer Größenordnung anzugeben. Der oben verwendete Begriff "mittelfristig" zeigt bereits auf, daß sich das Modell auf die Entwicklung im "Takt" von Wochen bis Monaten bezieht. Würde sich das Modell auf Entwicklungen im Takt von Stunden bis Tagen beziehen, wäre es denkbar, daß eine deutliche Reduktion von Arbeitsanforderungen (im besonderen ein Stellenverlust) kurzfristig die Symptomatik weiter erhöht.

4. Die kinetisch-logische Analyse der Systemdynamik

Wenn Zusammenhänge in der dargestellten Weise systematisiert und formalisiert werden, ist dies grundlegend von sprachlichen Modellen zu unterscheiden. Bei formalisierten Modellen, wie z.B. diesen kinetisch-logischen Modell, lassen sich eindeutige Aussagen über mögliche Systementwicklungen machen (Eine vollständige Darstellung von kinetisch-logischen Berechnungen ist hier aus Platzgründen nicht möglich). Zur Veranschaulichung sollen aber einige Elemente der Berechnung vorgestellt werden. Eine ausführliche Diskussion von 'Generalized Kinetic Logic' finden sich bei Snoussi et al. (1990).

Die im vorgestellten Modell gemachten Aussagen (Abb. 2) lassen sich vereinfacht in Form von logischen Gleichungen darstellen:

$$P = p + ss + a$$
$$A = p$$
$$SS = p$$

Für P bedeutet dies: P wirkt abbauend auf sich selbst und wird von SS und A erhöht. In dieser sogenannten 'naiv-logischen' Darstellung fehlen allerdings die oben vorgestellten Niveaus. Die postulierten Wirkungen, deren Richtung und die Niveaus, ab denen eine Wirkung eintritt, lassen sich in einer Interaktionsmatrix zusammenfassen:

$$
\begin{matrix}
-3 & 1 & 1 \\
-2 & 0 & 0 \\
1 & 0 & 0
\end{matrix}
$$

Die Anzahl der Spalten und der Zeilen der Interaktionsmatrix entspricht der Anzahl der Variablen. Die erste Zeile und Spalte steht hier für P, die zweite für A und die dritte für SS. Der erste Spaltenvektor bedeutet beispielsweise: "P wirkt auf Niveau 3 abbauend auf sich selbst", "P wirkt ab Niveau 2 abbauend auf A" und "P wirkt ab Niveau 1 erhöhend auf SS". Die Beschreibung wird durch die Setzung der sogenannten K-Werte vervollständigt. Vereinfacht gesagt beschreibt ein K-Wert das Niveau, auf das eine Variable hin tendiert, wenn eine ganz bestimmte Kombination von Variablen auf sie einwirkt. K-Werte sind natürlich vor allem für Variablen sinnvoll, die mehrere von "0" verschiedene Werte annehmen können. Der K-Wert der gilt, wenn z.B. A und SS auf P wirken, kann als K_{PA+PSS} bezeichnet werden. Dies entspricht der Symptomatik, die der Patient erleidet, wenn sowohl Arbeitsanforderungen als auch familiärer Streß zusammenwirken. Die K-Werte der Wirkungen <u>auf</u> P werden hier für ein erstes Beispiel folgenderweise gesetzt: $K_{PP} =$

0, $K_{PA} = 2$, $K_{PSS} = 1$, $K_{PP+PA} = 3$, $K_{PP+PSS} = 2$, $K_{PA+PSS} = 2$, $K_{PP+PA+PSS} = 3$. Die aufgrund dieser Setzungen berechneten Entwicklungen im System sind in Abb. 3 dargestellt.

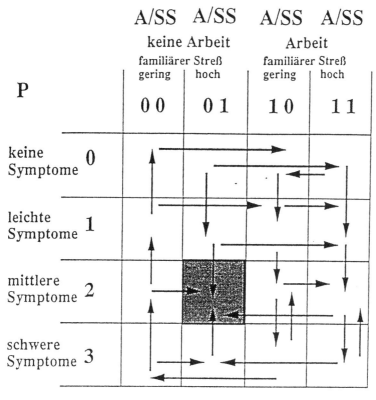

Abb. 3: Resultat der kinetisch - logischen Analyse - Chronizität als "Stabiler Zustand"

Diese dreidimensionale Tabelle (Symptomatik als y-Achse, Arbeit und familiärer Streß auf einer zusammengefaßten x- und z-Achse),

stellt alle möglichen Zustände des Systems, den "Zustandsraum",
dar. Die Abbildung kann man sich auch als Landschaft vorgestellen,
über die sich eine Kugel bewegt. Die Pfeile auf der Abbildung stellen die Bewegung der Kugel in der Landschaft dar, d.h. die Übergänge zwischen verschiedenen Kombinationen von Symptomatik
(P), Arbeitssituation (A) und familiärem Streß (SS), die unter den
getroffenen Annahmen zu erwarten sind. Wie ausgeführt, sind die
darstellten Übergänge keine willkürlichen Setzungen, sondern folgen
eindeutig aus den oben dargestellten Wechselwirkungen und einer
bestimmten Setzung ihrer Stärke (K-Werte). In dieser Form des Modells können sich "Gabelungen" ergeben, d.h. bestimmte Zustände
können sich in mehr als eine Richtung weiterentwickeln. Wenn bekannt ist, welche Übergänge schneller erfolgen, können diese Gabelungen durch die Setzung von sogenannten t-Werten aufgelöst
werden.

Wichtigstes Resultat der vorliegenden Modellierung ist, daß es
unter den Annahmen des vorgestellten Modells nur einen stabilen
Zustand gibt: die Kombination von mittelstarker Symptomatik mit
keiner Arbeit und hohem familiären Streß. Chronizität entspricht in
diesem Modell der Tendenz des Systems, immer wieder zu diesem
unerwünschten Zustand zurückzukehren. Auch wenn externe Faktoren, wie z.B. nur kurzfristig wirksame therapeutische Interventionen, das System in einen anderen, erwünschten Zustand bringen,
bleibt diese Tendenz bestehen. Dies entspricht in der
Landschaftsanalogie einer Kugel, die, auch wenn sie von außen bewegt wird immer wieder in eine Mulde zurückkehrt. Die alleinige
Verbesserung der Arbeitsfähigkeit in einem Rehabilitationsprogramm mit anschließender Stellenvermittlung, ohne zusätzliche Interventionen bei P, A oder SS, wäre somit von vornherein zum
Scheitern verurteilt.

Wenn als zweites Beispiel die angenommenen Wirkungen (die Interaktionsmatrix) gleich gehalten werden, aber die Stärke der un-

erwünschten Wirkung auf P (die K-Werte) reduziert wird ($K_{PP} =$ 0, $K_{PA}=1$, $K_{PSS}=1$, $K_{PP+PA}=1$, $K_{PP+PSS}=1$, $K_{PA+PSS}=1$, $K_{PP+PA+PSS}=2$), ergeben sich die in Abb. 4 dargestellten Möglichkeiten.

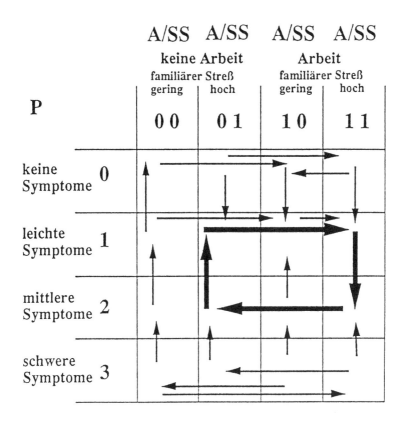

Abb. 4: Resultat der 2. kinetisch - logischen Analyse - Chronizität als kreisförmig - stabiler Zustand

Hier kreist die Person innerhalb von vier Zuständen: Auf den Zustand "Keine Arbeit/leichte Symptome/ familiärer Streß hoch" folgt der Zustand "Arbeit/ leichte Symptome/ familiärer Streß hoch", d.h.

bei leichter Symptomatik sucht sich die Person eine Arbeit und erhält sie auch. Darauf folgt aber als nächster Schritt die Erhöhung der Symptomatik, dann der Verlust der Arbeitsstelle, dann wieder Rückgang der Symptomatik. Damit ist wieder der Ausgangszustand erreicht.

Chronizität entspricht in diesem Modell also nicht *einem* Zustand, sondern ergibt sich aus einem kreisförmigen Ablauf. Bezieht man externe Faktoren mit ein (wie z.B. kurzfristig wirksame therapeutische Interventionen), so kann das System kurzfristig auch andere Zustände einnehmen (z.B. keine Symptomatik, Arbeit und geringer familiärer Streß). Es besteht aber eine starke Tendenz zum genannten unerwünschten kreisförmigen Ablauf zurückzukehren. In Begriffen der Chaostheorie (z.B. Schuster 1989) könnte, wohlgemerkt nur im Sinne einer Analogie, die Chronizität im ersten Beispiel (Abb. 3) als stabiler Zustand mit einem "Punktförmigen Attraktor" verglichen werden.

Das Interessante an der Methode der Kinetischen Logik ist, daß erstens durch relativ einfache Modelle komplexe dynamische Entwicklungen, wie sie sich im klinischen Alltag beobachten lassen, abgebildet werden können. Zweitens lassen sich einzelne Beobachtungen in ein einheitliches Modell integrieren. Drittens können die Vorhersagen, die aus dem Modell folgen, retrospektiv auf ihre Konsistenz mit bisherigen Beobachtungen verglichen werden. Wenn das Modell mit bisherigen Beobachtungen und theoretischen Annahmen kompatibel ist, können viertens prospektiv die gemachten Vorhersagen mit empirischen Zeitreihen verglichen werden.

Für die Praxis der Rehabilitation können sich durch diese Sichtweise wertvolle Anregungen ergeben. Rehabilitation wird ebensowenig wie Chronizität als Zustand, sondern als systembezogenes Geschehen verstanden. Damit ist es z.B. nicht primäres und einziges Ziel einen erwünschten Zustand (z.B. eine Anstellung) zu erreichen, sondern die Bedingungen zu schaffen, die das System immer wieder zum erwünschten Zustand zurückkehren lassen (z.B. bei einer Krise am Arbeitsplatz). Diese Betrachtungsweise kann auch auf Einzelfälle angewandt werden (vgl. Dauwalder & Hoffmann 1992). Schließlich ergeben sich aus allen in Abb. 2 postulierten Zusammenhängen vielfältige Ansatzpunkte für rehabilitative Arbeit. Dabei ist zentral, daß aus einer "Wirkung" (z.B. P wirkt negativ auf A) nicht ein Ansatzpunkt bei P folgt, sondern Veränderungsmöglichkeiten ebenso bei A liegen können. Wenn die Erhöhung der Symptomatik bisher zum Stellenverlust geführt hat, so kann z.B. gefragt werden, ob der Patient einen anderen Umgang mit eigenen Symptomen finden kann, aber auch darüber nachgedacht wurde, ob auch die Arbeitsumgebung hilfreicher auf sein Verhalten reagieren kann. Im übrigen ist eine Verfeinerung der Modelle durch sog. Differenzengleich möglich.

5. Modellierung und Empirie im Austausch

Die vorgestellten Modelle sind Beispiel für ein deduktives Vorgehen ("top-down"): Aus theoretischen Annahmen wurden formalisierte Modelle gebildet und die darauf folgenden dynamischen Systementwicklungen dargestellt. Es stellt sich nun die Frage, wie Hypothesen über dynamische Wechselwirkungen mit dem empirisch-induktiven Ansatz ("bottom-up") untersucht werden können. Abb. 5 zeigt ein Beispiel einer empirisch erhobenen Kurve eines Verlaufs im Rehabilitationsprogramm $P^A SS$. In wöchentlichen Erhebungen werden bei allen Patienten eine modifizierte Form des Verhaltensbeobachtungsbogens NOSIE (Honigfeld et al. 1976) und globale Bewertungen des Arbeits- und Sozialverhaltens durchgeführt. Daneben werden (hier nicht dargestellt) auch Stimmungsmaße beim Patienten und bei Bezugspersonen erhoben.

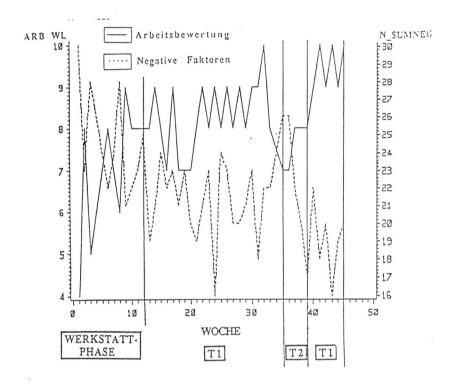

Abb. 5: Beispiel einer empirischen Verlaufskurve aus dem Rehabilitationsprogramm PASS

Die senkrechte Linie trennt die Werkstattphase von der Phase am Trainingsarbeitsplatz. T1 und T2 bezeichnen zwei verschiedene Trainingsarbeitsstellen. Der Verlauf der Kurve stimmt mit den klinischen Beobachtungen überein. Er gestaltete sich über alles positiv. Während der Patient am Anfang durch hochgradig ambivalentes und unruhiges Verhalten auffiel, verbesserten sich mit der Zeit sowohl die Arbeitsleistung als auch das Sozialverhalten. Deutlich war ein Leistungsabfall am Trainingsarbeitsplatz T2, an dem der Patient offensichtlich überfordert war. Zurückgekehrt an den alten Arbeitsplatz erreichte er zum Abschluß des Programms wiederum ein hohes Leistungsniveau. Um systembezogene Hypothesen über Wechsel-

wirkungen und Feedbackprozesse zu überprüfen, können derartige
Verläufe als multivariate Zeitreihen untersucht werden (Schmitz
1989, Ackermann et al. 1992). Dabei wird untersucht, welche Muster von zeitverschobener Prognostizierbarkeit sich ergeben. Sind
z.b. zwei Variablen je gegenseitig zeitverschoben prognostizierbar,
so ist dies ein Hinweis auf eine positive Feedbackschlaufe. Dieser
Ansatz erscheint uns vielversprechend und wurde bisher u.e. noch
zuwenig genutzt. Auf methodische Schwierigkeiten des Ansatzes
(z.B. Linearität, Kausalität vs. Regression, Anzahl der Messzeit-
punkte) und Resultate unserer Untersuchungen kann hier nicht weiter eingegangen werden. Bezogen auf die Modellierung von Verläu-
fen kann aber angemerkt werden, daß mit der Hilfe dieses Ansatzes
empirische Verlaufskurven und Zeitreihenanalysen mit den aufgrund
von formalisierten Modellen gemachten Vorhersagen verglichen
werden können. Neue Erkenntnisse können dann in modifizierte,
simulationsfähige Modelle der Rehabilitation einfließen. In diesem
Sinne können sich der deduktive "top-down" Ansatz der Modellierung und der induktiv-empirische "bottom-up" Ansatz der Zeitreihenanalyse gegenseitig als kreisförmiger Prozeß immer neue Anregungen geben (vgl. Troitzsch 1990). Obwohl entsprechende Modellierungen und Simulationen keinesfalls als gültige Gesetzesaussagen
mißverstanden werden dürfen, erscheinen sie vielversprechend für
die Integration von theoretischen Aussagen, für die Bildung von empirisch untersuchbaren Hypothesen und, das wichtigste Ergebnis, für
die Verbesserung der Praxis der Rehabilitation chronisch psychisch
Kranker.

Literatur:

Ackermann, K., Steit, U., Ebell, H., Zalaman, I., Steitz, A., Revenstorf, D.: Using Multivariate Time Series Models in Systemic Analysis. In: Tschacher, W., Schiepek, G., Brunner, E.J. (eds.): Self-Organiszation und Clinical Psychology. Springer Volumes in Synergetics (58). Berlin: Springer 1992

Anthony, W. A., Jansen, M. A.: Predicting the Vocational Capacity of the Chronically Mentally Ill. Research and Policy Implications. American Psychologist 39 (1984): 537-544

Bunge, M. : Epistemologie. Aktuelle Fragen der Wissenschaftstheorie. Mannheim, Zürich, Wien: Bibliographisches Institut 1983

Brenner, H. D., Hodel, B., Genner, R., Roder, V., Corrigan, P. W.: Biological und Cognitive Vulnerability Factors in Schizophrenia: Implications for Treatment. British Journal of Psychiatry. 161 (suppl. 18) (1992): 154-163.

Ciompi, L.: Affektlogik. Über die Struktur der Psyche und ihre Entwicklung. Ein Beitrag zur Schizophrenieforschung. Stuttgart: Klett-Cotta 1982

Ciompi, L., Müller, Ch.: Lebensweg und Alter der Schizophrenen. Eine katamnestische Langzeitstudie bis ins Alter. Berlin: Springer 1976

Ciompi, L., Dauwalder, H. P., Ague, C.: Ein Forschungsprogramm zur Rehabilitation psychisch Kranker. III. Längsschnittuntersuchungen zur Rehabilitation und zur Prognostik. Nervenarzt 50 (1979): 366-378

Ciompi, L., Ambühl, H., Dünki, R.: Schizophrenie und Chaostheorie. System Familie 5 (3) (1992): 133-147

Dauwalder, J. P., Hoffmann, H., Kupper, Z.: Synergetics und Chronic Schizophrenia. Referat am "International Congress on Schizophrenia und Affective Psychoses", Genf, 12.-14. September 1991

Falloon, I. R. H.: Behavioral Family Therapy with Schizophrenic Disorders. In: Herz, M. I., Keith, S. J., Docherty, J. P. (eds): Handbook of Schizophrenia, vol. 4: Psychosocial Treatment of Schizophrenia. Amsterdam (1990): Elsevier, 135-151.

Feldhege, F.-J., Krauthan, G.: Verhaltenstrainingsprogramm zum Aufbau sozialer Kompetenz, Berlin, Heidelberg, New York: Springer 1979

Hahlweg, K., Feinstein, E., Müller, U., Dose M.: Family Management Programs for Schizopohrenic Patients. Prevention of Relapse and Modification of Familial Communication Paterns. Brit J. Psychiatry 155 (suppl. 5) (1989): 112-116

Hoffmann, H., Kupper, Z.: PASS- Das Rehabilitationsprogramm der Sozialpsychiatrischen Universitätsklinik Bern. Sozialpsychiatrische Info. (1993) (im Druck)

Hoffmann, H., Siemers, E., Kupper, Z.: PASS - Ein gemeindenahes, systembezogenes Programm zur beruflichen Rehabilitation chronisch psychisch Kranker in der freien Wirtschaft. Rehabilitation (1992) (im Druck)

Hogarty, G. E., Anderson, C. M., Reiss, D. J., Kornblith, S. J., Ulrich, R. F., Carter, M.: Familiy psychoeducation, social skills training and maintenance chemotherapy in the aftercare treatment of schizophrenia, I: one year effects of a controlled study on relapse and expressed emotions. Arch Gen Psychiatry 43 (1986): 633-642

Hogarty, G. E., Anderson, C. M., Reiss, D. J., Kornblith, S. J., Ulrich, R. F., Carter, M.: Familiy psychoeducation, social skills training and maintenance chemotherapy in the aftercare treatment of schizophrenia, II: Two-year effects of a controlled study on a relapse adjustment. Arch Gen Psychiatry 48 (1991): 340-347

Honigfeld, G., Gillis, R. D., Klett, C. J.: 039 NOSIE. Nurses'Observation for Inpatient Evaluation. In: Guy, W. (Ed.) ECDEU Assessment Manual of Psychopharmacology. Maryland (1976): Rev. Ed. Rockville: 265-273

Levine, R. L., Fitzgerald H. E. (Eds.): Analysis of Dynamic Psychological Systems. Volume 1. Basis Approaches to General Systems, Dynamic Systems, and Cybernetics. Volume 2. Methods and Aplications. New York Plenum Press 1992

Levine, R. L., Van Sell, M., Rubin, B.: System Dynamics and the Analysis of Feedback Process in Social and Behavioral Systems. In: Levine, R. L., Fitzgerald H. E. (Eds.). Analysis of Dynamic Psychological Systems. Volume 1. Basic Approaches to General Systems, Dynamic Systems, and Cybernetics. New York: Plenum Press 1992

Leff, J., Kuippers, L., Berkowitz, R., Eberlein-Vries, R., Sturgeon, D.: Controlled Trial of Social Intervention in the Families of Schizophrenic Patients. In: Goldstein, M.J.; Hand, I., Hahlweg, K. (eds) Treatment of Schizophernia. Berlin, Heidelberg, New York, London, Paris, Tokio: Springer 1986

Libermann, R. P. (ed.): Effective Psychatric Rehabilation. New Directions for Mental Health Services; v. no. 53. San Francisco: Jossey-Bass 1992a

Libermann, R. P.: Editor' notes. In: Liberman, R. P. (ed.). Effective Psychatric Rehabilation. New Directions for Mental Health Services; v. no. 53. San Francisco: Jossey-Bass 1992b

Libermann, R. P., Jacobs, H. E., Boone, S. E., Foy, D. W., Danahoe, C. P., Falloon, I. R. H., Blackwell, G., Wallace, C. J.: Fertigkeitentraining zur Anpassung Schizophrener an die Gemeinschaft. In: Böker, W., Brenner, H. D. (Hrsg.) Bewältigung der Schizophrenie. Bern, Stuttgart, Toronto: Huber 1986

Nuechterlein, K. H., Dawson, M. E.: A heuristic vulnerability/stess model of schizophrenic episodes. Schizophrenia Bulletin 10 (1984): 300-312.

Olbrich, R.: Die Rehabilitation Schizophrener. Referat am Jubiläumskongreß der DGPN vom 26. bis 30. September 1992 in Köln. Abstract in Fortschr Neurol Psychiat, 60 (Sonderheft 2) (1992): 113.

Roder, V., Brenner, H. D., Kienzle, N.: Integriertes psychologisches Therapieprogramm für schizophrene Patienten (IPT). München: Psychologie Verlagsunion 1988

Schmitz, E.: Einführung in die Zeitreihenanalyse. Modelle, Softwarebeschreibung, Anwendungen. Bern, Stuttgart, Toronto: Huber 1989

Schuster, H. G.: Deterministic Chaos: an Introduction. Weinheim: VCH Verlagsgesellschaft 1989

Simon, F. B.: Meine Psychose, mein Fahrrad und ich. Zur Selbstorganisation der Verrücktheit. Heidelberg: Carl Auer Verlag 1990

Snoussi, E. H., Thomas, R., D'Ari, T.: Generalized Kinetic Logic. In: Thomas, R., D'Ari, R.: Biological feedback. Boca Raton: CRC Press 1990

Thomas, R.: Kinetic Logic. A Boolean Approach to the Analysis of Complec Regulatory Systems. Berlin: Springer 1979

Thomas, R., D'Ari, R.: Biological Feedback. Boca Raton: CRC Press 1990

Troitsch, H.: Modellbildung und Simulation in den Sozialwissenschaften; Opladen: Westdeutscher Verlag 1990

Wallace, C. J., Libermann, R. P., Mackaion, S. J., Blackwell, G., Eckmann, T. A.: Effectiveness and Replicability of Modules for Teaching Social and Instrumental Skills to the Severely Mentally III: Am J Psychiatry 149 (1992): 654-658.

VII. HILFEN FÜR PSYCHISCH KRANKE STU-
DIERENDE - REHABILITATION AN DER HOCH-
SCHULE?

Thomas Reker und Bernd Eikelmann

Hochschulpsychiatrie - die psychosoziale Betreuung psychisch kranker Studierender - ist in Deutschland ein vernachlässigtes Teilgebiet der Rehabilitation. Es fehlen Betreuungsangebote, die auf die besondere soziale und lebensgeschichtliche Situation von Studenten und ihre Probleme an der Universität zugeschnitten sind. Befunde und Erfahrungen aus dem angloamerikanischen Sprachraum werden in der Übersicht referiert. Erste Erfahrungen eines Projekt zur Betreuung psychisch kranker Studierender an der Universität Münster werden vorgestellt.

1. Was ist "Hochschulpsychiatrie?"

Der Begriff "Hochschulpsychiatrie" ist heute so ungebräuchlich, daß er erklärt werden muß. Gemeint ist damit nicht die Psychiatrie an Universitäts- oder Hochschulkliniken, sondern die psychiatrische Betreuung von Studierenden an den Hochschulen. Tölle (1979) bezeichnet Hochschulpsychiatrie als ein "Teilgebiet der Sozialpsychiatrie". Bis in die siebziger Jahre bestand an diesen Fragen großes wissenschaftliches und praktisches Interesse. Hochschulpsychiatrie war Thema von Fachpublikationen, Lehrbüchern, Monographien und Standardnachschlagwerken der Psychiatrie (Schulte und Tölle 1979, Sperling 1975, Dörner 1967). Darüber hinaus gab es im

angloamerikanischen Sprachraum große epidemiologische Untersuchungen (Kidd 1965, Kidd und Caldbeck-Meenam 1966, Mc Mi-
chael und Hetzel 1974). Dabei war die Hochschulpsychiatrie durchaus auch von der Studentenbewegung und ihrer Kritik an den gesellschaftlichen Verhältnissen und speziell der Situation an den Universitäten beeinflußt (Ziolko 1969).

Seit Ende der 70er Jahre hat das Interesse an hochschulpsychiatri-
schen Fragen rapide abgenommen. Über die Ursachen im einzelnen
lassen sich nur Vermutungen anstellen. Die allgemeine Entwicklung
der Hochschulen zur mängelverwaltenden Massenuniversität und das
Schwinden des bildungspolitischen Reformgeistes der 70er Jahre
spielen möglicherweise eine Rolle. Ein wichtiger Grund auf seiten
der Psychiatrie ist, daß sich die sozialpsychiatrischen Aktivitäten seit
der Psychiatrieenquete 1975 (und in deren Fortsetzung in den Empfehlungen der Expertenkommission 1988) auf den Aufbau gemein-
denaher, komplementärer Dienste und Einrichtungen für chronisch
psychisch Kranke konzentrierten. Gemeindepsychiatrie wurde be-
rechtigterweise vor allem unter dem Aspekt der Enthospitalisierung
von Langzeitpatienten aus den großen psychiatrischen Krankenhäusern gesehen und praktisch betrieben. So wurden und werden
zunächst neben den ambulanten und teilstationären Be-
handlungsangeboten die bekannten Einrichtungen des betreuten
Wohnens, verschiedene beschützte Arbeitsangebote, Kontakt- und
Beratungsstellen sowie Krisendienste aufgebaut. Hier können auch
Studierende betreut werden. Meist handelt es sich allerdings um solche, die ihr Studium abgebrochen haben oder nach dessen Beendigung nicht in der Lage sind, den erlernten akademischen Beruf aus-
zuüben.

So fanden wir in einer eigenen Untersuchung an 502 chronisch psychisch
Kranken, die in verschiedenen beschützten Arbeitsverhältnissen beschäftigt
waren, daß 20% der Befragten einen Schulabschluß hatten, der zu einem
Studium an der Hoch- oder Fachhochschule berechtigt. Die Hälfte der

Abiturienten hatte diesen Versuch auch unternommen (Reker und Eikelmann 1993). Diese Beschäftigten waren mit ihrer derzeitigen Arbeitssituation besonders unzufrieden und äußerten hohe Erwartungen bezüglich der beruflichen Zukunft. Auf der anderen Seite waren sie sich aber gerade über die weitere berufliche Perspektive besonders im unklaren, auch weil sie über keine oder nur geringe berufliche Erfahrungen verfügten. Sie schwankten zwischen resignativem Aufgeben und unrealistischen, kurzfristigen Plänen. Bei vielen wurde deutlich, daß sie sich von den früheren akademischen Berufs- und Karriereabsichten nicht verabschieden konnten und ihre derzeitige Situation an diesen früheren, durch den Krankheitsverlauf in vielen Fällen unrealistisch gewordenen, Ansprüchen maßen.

Zum gegenwärtigen Zeitpunkt können psychisch kranke Studierende zwar auf die vorhandenen Rehabilitations- und Betreuungsangebote zurückgreifen, ihrer spezielle Situation werden diese in der Regel aber nicht gerecht. Dies gilt in besonderem Maße für Fragen der Arbeitsrehabilitation. Hier beginnt die Betreuung in der Regel erst längere Zeit nach dem Scheitern im Studium. Meist ist zudem viel Zeit durch wiederholte Studienversuche und "Parksemester", in denen diese Entscheidung aufgeschoben wurde, verloren worden. Gerade ehemalige Studenten tun sich mit den überwiegend einfachen, manuellen Tätigkeiten schwer, die in den meisten Arbeitstherapien, Selbsthilfefirmen oder Werkstätten für Behinderte angeboten werden. Vielen fehlen konkrete Vorstellungen über mögliche berufliche Alternativen zum Studium. Nicht selten bestehen hohe Erwartungen von seiten der Familie, von denen die Betroffenen zudem häufig auch noch finanziell abhängig sind. Das Scheitern im Studium, der Verlust des studentischen Milieus, die Aufgabe der sozialen Identität als Studierender und der Wechsel in Arbeitslosigkeit oder unqualifizierte Jobs - im schlimmsten Fall sogar in das "psychosoziale Milieu" des komplementären Hilfssystems - bedeutet für viele einen katastrophalen Abstieg und Bruch der Lebensgeschichte. Dies wird so lange wie möglich vermieden und erst wenn es unvermeidbar wird, in der Regel resignativ vollzogen.

2. Die besondere Lebenssituation von Studenten

Zu fragen ist, ob es Besonderheiten in der Lebenssituation von Studierenden gibt, die spezielle Hilfsangebote nötig machen könnten.
Für die klinische und tagesklinische Behandlung Studierender bei
akuten Erkrankungen sind keine Unterschiede zu anderen Patienten-
gruppen zu erkennen. Die Besonderheiten liegen in der langfristigen
ambulanten Behandlung und in der psychosozialen, im weitesten
Sinne rehabilitativen Betreuung nach akuten Krankheitsepisoden.
Kidd (1965) faßt die Situation treffend zusammen: "Psychische Erkrankungen ereignen sich in allen Teilen der Bevölkerung, aber es
ist schwierig, sich eine Gruppe von jungen Menschen vorzustellen,
für die die Folgen schwerwiegender sein könnten als für Studierende" (Übersetzung durch den Autor).

Die grundlegende Situation der Studenten ist mit vielen Begriffen beschrieben worden, die alle auf den gleichen Widerspruch in der Lebenssituation hinweisen. Studenten sind zur Hälfte erwachsen, zur Hälfte dürfen
sie noch nicht erwachsen sein (Habermas 1959). Erikson beschrieb die
Universitätsausbildung als die "wahrscheinlich größte, gesellschaftlich
organisierte, künstliche Verschiebung des Erwachsenenstatus". In ähnliche
Richtung weist der Ausdruck der "prolongierten Adoleszenz" (Erikson
1959). Studenten sind vom Lebensalter her erwachsen, materiell und von
ihrer Lebenssituation aber noch hochgradig abhängig. Der Eintritt in das
Erwachsenenalter   mit   der   selbstständigen   Finanzierung   des
Lebensunterhaltes, einer beruflicher Identität und evtl. Familiengründung
wird durch die lange Ausbildung erheblich verzögert.

Die gegenwärtige Situation an den Hochschulen, das gesunkene
gesellschaftliche Ansehen von Studenten und die in vielen Fachge-
bieten unklare berufliche Perspektive tragen zu einer weiteren Ver-
schärfung der Probleme bei. Die Aufnahme des Studiums ist meist
mit einem Wechsel des Wohnortes und der ersten Trennung von der
Familie verbunden. Gerade unter den Bedingungen der Massenuniversität kann es schwierig werden, neue soziale Kontakte zu knüpfen. Gleichzeitig kann die neugewonnene persönliche Freiheit und

das gegenüber dem Herkunftsort veränderte geistige Klima verunsichern. Das Studium stellt trotz verschlechterter Studienbedingungen in definierten Zeiträumen erhebliche Leistungsanforderungen. Dabei sind neben rezeptivem Lernen eigenständige Leistungen zu erbringen, die eine selbständige Arbeitsplanung und Strukturierung des Tagesablaufes erfordern. Soziale Kompetenz, Durchsetzungsfähigkeit und eine gewisse Frustrationstoleranz sind bei der Organisation des Studiums und in der Studienarbeit in Seminaren und Arbeitsgruppen erforderlich. Zwischenprüfungen, Klausuren oder Hausarbeiten bedingen immer wieder besondere Belastungssituationen. Für viele Studenten stellen finanzielle Probleme, die Notwendigkeit, neben dem Studium zu arbeiten, die Dauer der BAFöG-Förderung zu beachten oder die materielle Abhängigkeit von den Eltern, ein erhebliches zusätzliches Problem dar.

Auf der anderen Seite stellt die Hochschule, gemessen an der beruflichen Wirklichkeit, zumindest in einigen Fachbereichen einen zeitlich befristeten sozialen Schonraum dar. Gerade in sehr unstrukturierten Studiengängen kann die soziale Identität des Studierenden lange aufrechterhalten werden, ohne daß dafür vorzeigbare Leistungen erbracht werden müssen.

Auch eine nichtuniversitäre berufliche Ausbildung stellt einen wichtigen, das weitere Leben mitbestimmenden Lebensabschnitt dar. Auch hier kann ein Scheitern - durch eine psychische Erkrankung oder andere Gründe bedingt - erhebliche Auswirkungen haben. Die Situation von Studierenden wird allerdings durch drei Faktoren akzentuiert. Zunächst ist es ein wichtiger Unterschied, ob man mit 17 Jahren an einer Lehre scheitert oder mit 27 feststellt, daß man das Studium nicht abschließen kann. Außerdem ist durch eine psychische Erkrankung das "Handwerkszeug" des Kopfarbeiters direkt betroffen - der Abstand zwischen der eingeschränkten Leistungsfähigkeit und den früheren Möglichkeiten und Zielen ist besonders groß und wird deutlich und schmerzhaft empfunden. Bildlich gesprochen ist es die besondere "Fallhöhe", die den Betroffenen zu schaffen macht. Darüber hinaus fehlen jegliche speziellen Hilfen.

3. Das Ausmaß der Problematik - Epidemiologische Befunde

Genaue Angaben über die Prävalenz psychischer Störungen bei Studierenden liegen nicht vor, da bislang keine Feldstudien durchgeführt wurden. Zu den allgemeinen methodischen Schwierigkeiten epidemiologischer Studien käme bei solchen Untersuchungen noch das Problem, die Gruppe der Studierenden exakt abzugrenzen. Insofern sind Vergleiche mit der Gesamtbevölkerung nicht möglich; die Frage, ob Studenten häufiger oder seltener an psychischen Störungen leiden, kann nicht beantwortet werden. Durch mehrere Untersuchungen ist allerdings belegt, daß Studenten häufiger Suizid begehen als Gleichaltrige in der Allgemeinbevölkerung (Lungershausen 1969, Bruyn und Seiden 1965, Rook 1959).

Prävalenzstudien an Studenten wurden vor allen mittels Selbsteinschätzungsfragebögen durchgeführt, die in einzelnen Untersuchungen durch externe Kontrollen (z.B. Nachfragen bei behandelnden Ärzten) zu validieren versucht wurden. Kidd (1965 und 1966), der zwei große Studien dieser Art in Großbritannien durchgeführt hat, kommt ähnlich wie McMichael (1974) zu dem Schluß, daß "die wohl beste Art herauszufinden, welche Studenten gefährdet sind, psychische Störungen zu entwickeln, ist, sie zu fragen" (Übersetzung des Autors). Kritisch ist einzuwenden, daß solche Untersuchungen, die auf subjektiven Selbsteinschätzungen beruhen oder nur die Behandlungsprävalenz erfassen, mit Fehlern behaftet sein müssen, da sie z.B. nicht krankheitseinsichtige oder eine Behandlung ablehnende Studenten nicht erfassen können. Auch sind diagnostische Differenzierungen kaum zu bewerten.

Kidd befragte 1.555 Erstsemester an der Universität von Edingburgh (4) und erfaßte gleichzeitig alle behandelnden Ärzte der Risikopopulation. Im Verlauf eines Jahres wurden 2 Studenten in ein psychiatrisches Krankenhaus eingewiesen, 16 von einem Psychiater behandelt. Insgesamt 172 Studenten suchten wegen psychischer Störungen einen Arzt auf: bei 8 (4,7%) lag eine Psychose vor, bei 113 (65,7%) wurde eine Neurose, eine Persönlichkeitsstörung oder eine psychosomatische Reaktion diagnostiziert, bei 51 (29,6%) lagen psychische Symptome oder Auffälligkeiten vor, die von den Ärzten aber nicht als psychische Krankheit im engeren Sinne eingeschätzt wurden. Die Prävalenz für psychische Störungen wird in dieser Studie für Männer mit 9% und für Frauen mit 14,6% angegeben. Zu nahezu identischen Zahlen kamen die Autoren bei einer zweiten Untersuchung mit gleicher Methodik an der Universität Belfast (Kidd und Caldbeck-Meenam 1966).

Zu noch höheren (subjektiven) Prävalenzraten kamen McMichael & Hetzel bei einer Befragung von zwei Jahrgängen von Erstsemestern an der Universität Melbourne, an der 4079 Studenten teilnahmen. 30% der Erstsemester bezeichneten sich als psychisch gestört, davon 10% als leicht, 12% als mäßig und 8% als schwer. Auch hier überwogen Frauen und Studenten in geisteswissenschaftlichen Fächern. Die Selbsteinschätzung psychisch gestört zu sein, war hoch korreliert mit Angaben, subjektiv Streß zu empfinden, sich einsam zu fühlen und durch den Wechsel von Wertvorstellungen v.a. bezüglich der Selbsteinschätzung und sexueller Fragen verunsichert zu sein. Bei einer Nachbefragung im zweiten Semester gaben 49% der Studierenden an, zumindest leichtgradige psychische Störungen zu haben.

Davidson und Hutt (1964) fanden bei einer Auswertung der Krankenakten von 500 männlichen Oxforder Studenten, die zwischen 1950 und 1961 stationär oder ambulant am Warneford Hospital behandelt wurden, daß fast 90% bei Behandlungsbeginn am Anfang des Studiums gestanden und 75% in geisteswissenschaftlichen Fächern studiert hatten. Diagnostisch lagen bei einem Viertel schizophrene oder affektive Psychosen vor. Die größte Gruppe stellten die Studenten mit Neurosen oder Persönlichkeitsstörungen dar (58%). Die diagnostische Verteilung entspricht der in der Gesamtbevölkerung. Allerdings wurden Studenten deutlich häufiger an das Warneford Hospital überwiesen. Die meisten Patienten hatten schon vor dem Studium psychische Schwierigkeiten gehabt.

Hall und Mitarbeiter zeigten in einem 5 Jahres-follow-up (Hall et al. 1982), daß psychiatrische Behandlungsbedürftigkeit während des Studiums weitere Behandlungsbedürftigkeit auch nach dem Verlassen der Hochschule prädiziert. An der Universität Southampton werden pro Jahr etwa 1% der Studenten zum Universitätspsychiater überwiesen.

In einer Übersicht über die Erfahrungen des *student psychiatric service* an den amerikanischen Hochschulen hat Dörner (1967 und 1969) die Konzepte und therapeutischen Ansätze der amerikanischen Hochschulpsychiatrie zusammengefaßt. Pro Jahr nehmen 5-10% und während der 4jährigen Collegezeit 12-20% der Studierenden die psychiatrischen Hilfen an den Hochschulen in Anspruch. Diese Zahlen sind seit mehr als 30 Jahren konstant. Als ausreichender Stellenschlüssel wird ein Psychiater bzw. klinischer Psychologe für 1000 Studenten angesehen. 5-10% des Klientels leiden an Psychosen, etwa ein Drittel an Neurosen. Für die übrigen werden je nach theoretischem Hintergrund der Autoren diagnostische Termini wie *maladjusted intellectual, identity crisis, prolonged adolescence, student apathy, adjustment reaction* etc. verwandt.

Aktuelle Daten zur psychosozialen Situation und psychischen Befindlichkeit von Studenten in der Bundesrepublik wurden im Rahmen der 11. Sozialerhebung des Studentenwerkes im SS 1985 erhoben (Bundesminister für Bildung und Wissenschaft 1986). Unter psychiatrischen Aspekten weist die Befragung allerdings einige Mängel auf. Von den knapp 20000 repräsentativ ausgewählten Studenten, die anonym einen Fragebogen ausgefüllt hatten, verneinten nur 13% die Frage, ob sie sich im Studium durch psychische Schwierigkeiten beeinträchtigt sehen. Die Angabe überrascht nicht, wenn man das breite Spektrum der Beschwerden berücksichtigt, die von den 87% der positiv antwortenden Studenten angegeben wurden. An vorderster Stelle wurden Arbeits- und Konzentrationsschwierigkeiten, Prüfungsängste, Angst vor Autoritäten, mangelndes Selbstbewußtsein und Kontaktschwierigkeiten genannt. Bemerkenswerter ist das Ergebnis, daß sich 13% dieser Studenten als beratungs- bzw. behandlungsbedürftig einschätzen, wobei nur 5% diesen Wunsch bisher realisieren konnten. Die übrigen konnten sich trotz der Einsicht in die Notwendigkeit bisher nicht dazu entschließen, teils weil geeignete Möglichkeiten fehlen, teils wegen innerer

Hemmschwellen und Angst vor Stigmatisierung. Diese 13 % der Befragten berichten von massiveren Problemen und Symptomen, psychosomatischen und depressiven Beschwerden, Suizidgedanken und sexuellen Problemen. Auch hier gaben Frauen durchgängig häufigere und stärkere Störungen an, ebenso überwiegen (auch nach Korrektur der unterschiedlichen Geschlechterverhältnisse) Studierende aus sozial- und geisteswissenschaftlichen Studiengängen.

Studenten, die sich für behandlungsbedürftig hielten, zeigten sich mit ihrem Studium deutlich unzufriedener, befinden sich häufiger in höheren Semestern und haben seltener klare Vorstellungen über die weitere berufliche Perspektive. Sie geben häufiger an, daß sie nach dem Studium notfalls auch eine Beschäftigung unterhalb ihres Ausbildungsniveaus annehmen würden, sich nicht am traditionellen Berufsbild sondern eher an alternativen Tätigkeiten orientieren, eine berufliche Ausbildung außerhalb der Hochschule erwägen, möglichst lange an der Hochschule bleiben wollen und die Studieninhalte mehr nach persönlichen Neigungen als nach der Relevanz für den späteren Beruf auswählen.

Eine zusammenfassende, kritische Bewertung dieser Befunde führt zu folgenden Einschätzungen:

- Exakte Angaben über die Prävalenz psychiatrischer Krankheiten von Studierenden liegen nicht vor. Gesichert ist eine gegenüber der gleichaltrigen Allgemeinbevölkerung erhöhte Suizidrate bei Studenten.

- Die Anzahl behandlungsbedürftiger psychischer Störungen dürfte in der Größenordnung von 8-15 % liegen, wobei nicht alle psychiatrischer Hilfen bedürfen. Offenbar betrifft dies häufiger Frauen und Studierende geisteswissenschaftlicher Studienfächer.

- Subjektiv erlebt der größte Teil der Studierenden psychische Belastungen und leichte bis mittelgradige Störungen des Wohlbefindens, die in der Mehrzahl als Reaktionen ohne Krankheitswert anzusehen

sind. Sie sind vor dem Hintergrund der besonderen lebensgeschicht-
lichen Situation und den Anforderungen des Studiums verständlich
und können ohne therapeutische Hilfen bewältigt werden. Allerdings
sind die Übergänge zu ernsthafteren Störungen fließend. Es ist von
einem hohen "unsichtbaren Krankenstand" (Krüger et al. 1982) aus-
zugehen.

- Es gibt eine kleine Gruppe von ernsthaft und chronisch psychisch
kranken Studenten, die neben der ambulanten psychiatrischen Behandlung weiterer psychosozialer Betreuung im Alltag und rehabili-
tativer Hilfen benötigen.

4. Bestehende Behandlungs- und Beratungsangebote

Anders als an den amerikanischen und englischen Campus-Univer-
sitäten, die eine höher organisierte medizinische Infrastruktur haben,
sind die bundesrepublikanischen Studenten krankenversichert. Für
psychiatrische und psychotherapeutische Hilfen können sie sich an
niedergelassene Ärzte oder Psychologen wenden. Darüber hinaus
stehen ihnen die psychologischen Beratungsstellen freier Träger zur
Verfügung.

Eine wichtige Rolle spielen die Zentralen Studienberatungsstellen
an den Universitäten. Zu ihren Aufgaben zählt die allgemeine Studienberatung, die Beratung bei Fragen der Orientierung des Studiums
an beruflichen Tätigkeitsfeldern sowie die psychosoziale Beratung
der Studierenden. "Die Studienberatung soll die Voraussetzungen
für die individuelle Studienentscheidung und den persönlichen Studi-
enerfolg verbessern und damit zur Steigerung der Effizienz im
Hochschulbereich beitragen....Darüber hinaus soll sie bei persönlich
bedingten Störungen und Krisen des Studienverlaufes psychologische Beratung anbieten oder vermitteln" (Bund-Länder-Kommission
für Bildungsplanung und Forschungsförderung 1981). Die Zentralen

Studienberatungsstellen sind in der Regel Abteilungen der Universitätsverwaltung. In der Praxis haben sie die Funktion einer Anlauf- und Clearingstelle. Ernsthafter psychisch gestörte Studenten, die einer weitergehenden Behandlung bedürfen, werden an niedergelassene Psychiater oder andere Therapeuten verwiesen. Nach den Erfahrungen der Zentralen Studienberatungsstellen sind bei den meisten Studierenden Informationsfragen und Entscheidungsprobleme (allgemeine Studienberatung) nicht von anderen Studienproblemen wie z.b. Lern- und Arbeitsstörungen, Prüfungsängsten, soziale Isolation etc. (psychologische Beratung) zu trennen.

Dagegen gibt es an keiner deutschen Hochschule Programme, die ernsthaft psychisch kranken Studierenden Hilfen zur Bewältigung der Studienanforderungen bieten.

5. "Supported Education" - Erfahrungen an der Universität Boston

Seit mehreren Jahren konzentriert sich das Interesse der amerikanischen Sozialpsychiatrie auf eine Gruppe von Patienten, die als *young chronic adults* bezeichnet werden (vgl. den Beitrag von H. R. Lamb in diesem Band). Es handelt sich um jüngere Patienten, die an schwer und chronisch verlaufenden psychiatrischen Krankheiten leiden und durch die bestehenden rehabilitativen Angebote nur unzureichend erreicht und unterstützt werden können. Es ist nicht überraschend und auch kein spezifisch amerikanisches Phänomen, daß Fragen der beruflichen Ausbildung und Perspektive für diese jüngeren Patienten von zentralem Interesse sind. Unter dem Stichwort *supported employment* wurden Programme entwickelt und praktisch erprobt, um die berufliche Wiedereingliederung dieser Patienten zu unterstützen (Trotter et al 1988, Yankowitz 1990). Auch in

Deutschland liegen positive Erfahrungen mit ähnlichen Projekten vor (Waschkowski 1990, Reker et al 1990).

In Analogie zu diesen Bemühungen um die berufliche (Wieder)-eingliederung wurden Programme an den Universitäten eingerichtet, um psychisch kranken Studierenden Hilfen zur erfolgreichen Fortführung des Studiums und Orientierungshilfen zu geben (Unger et al 1987, Anthony und Unger 1991). Wichtige Elemente all dieser Programme sind: sie finden in der normalen Umgebung an der Universität (on campus) statt; sie orientieren sich sehr an den Vorstellungen und Zielen der Betroffenen, deren diesbezügliche Autonomie sehr betont wird; sie wollen den Teilnehmer die Fähigkeiten (skills) vermitteln, die sie zum Erreichen ihrer selbstgewählten Ziele benötigen, gleichzeitig wird versucht, möglichst viel Unterstützung in der konkreten Umgebung jedes einzelnen zu mobilisieren (environmental support); in der Regel handelt es sich um eine Kombination von Gruppenveranstaltungen und Einzelbetreuung (case management).

Ein Beispiel für ein solches Programm ist das *Continuing Education Program (CEP)*, das seit 1984 an der Universität Boston läuft. Das Programm richtet sich an junge Erwachsene (18-35 Jahre), die infolge einer schweren psychischen Erkrankung nicht mehr oder noch nicht wieder in der Lage sind, ihre bisherigen akademischen Ausbildungs- und Studienziele weiterzuverfolgen. Es dient der beruflichen Orientierung bzw. Neuorientierung. Das Programm verfolgt mehrere Ziele:

- Die Teilnehmer sollen lernen, sich wieder wie ihre Kommilitonen über das Studium persönlich zu definieren und nicht nur über ihre psychische Erkrankung. Sie nehmen für die Zeit der Teilnahme an dem Programm eine normale soziale Rolle ein - sie sind Studenten an der Universität. Dadurch wird ihr Selbstwertgefühl und ihr Selbstbewußtsein gestärkt.

- Sie sollen realistische und ihren eigenen Fähigkeiten und Wünschen entsprechende berufliche Ziele entwickeln und sowohl die äußeren wie auch die inneren, persönlichen Hemmnisse, die der Realisierung im Wege stehen, klarer benennen können. Sie sollen erste Schritte angehen, um ihr gestecktes Ziel zu erreichen.

- Durch die Teilnahme an den Unterrichtsveranstaltungen in der normalen Umgebung der Universität machen sie soziale Erfahrungen und entwickeln Fähigkeiten, die sie bei der Wiederaufnahme des Studiums oder anderen beruflichen Tätigkeiten benötigen.

Das Grundkonzept des Kursus ist psychoedukativ ausgerichtet. Neben pädagogischen Methoden kommen gesprächs- und verhaltenstherapeutische Elemente zum Einsatz. Dies trägt der Tatsache Rechnung, daß Fragen der beruflichen Zukunft und Ausbildung für die Betroffenen untrennbar mit sehr viel weiter gehenden persönlichen Fragen verbunden sind, wie z.B. Fragen der Krankheitseinsicht, der Bewältigung der Krankheit oder der Einschätzung der eigenen Belastbarkeit. Eine sehr individuelle Betreuung jedes einzelnen Kursteilnehmers wird als unbedingt notwendig erachtet.

Der Kursus findet dreimal wöchentlich für zwei Stunden in Räumen der Universität statt. Die Gruppe besteht aus 12-15 Teilnehmern. Neben den Gruppenstunden finden regelmäßige Einzeltermine sowie ein Sport- und Freizeitprogramm statt. Ein Kurs dauert ein Jahr (2 Semester). Die Teilnehmer können eingeschriebene Studenten oder Gasthörer an der Universität sein. Es gibt ein festes Curriculum, das auch kurze Praktika in verschiedenen außeruniversitären Arbeitsbereichen enthält.

Der rehabilitative Effekt dieses Kurses ist ein dreifacher: Zum einen können die betroffenen Studierenden die wichtige Thematik der weiteren beruflichen Perspektive intensiv und strukturiert bearbeiten. Gleichzeitig befinden sie sich in einer universitär organisierten Veranstaltung und in einem normalen Milieu, das das Selbstbewußtsein stabilisiert und ein soziales Lernfeld darstellt. Ferner können im Falle der Fortsetzung des Studiums aus dieser Veranstaltung heraus praktische Hilfen für den Alltag an der Universität organisiert werden (Unterstützung durch ehemalige Kursteilnehmer, die das Studium wiederaufgenommen haben; Kommilitonen, die als Tutoren fungieren; Kontakte zu Dozenten etc.).

6. Begleitende Hilfen für psychisch kranke Studierende an der Universität Münster

Psychiatrische Universitätskliniken sind in der Regel in besonderer Weise mit der Behandlung psychisch kranker Studenten konfrontiert. Aus dieser klinischen Motivation heraus entstand in Münster der Gedanke, als Ergänzung zu dem schon recht differenzierten System der komplementären Hilfen, ein Programm zur Unterstützung psychisch kranker Studierender an der Universität einzurichten. Es ist ein Angebot für Studenten, die nach schweren psychischen Krisen (meist verbunden mit stationären oder teilstationären Behandlungen) praktischer Hilfen zur erfolgreichen Bewältigung der Studienanforderungen benötigen oder sich über die weitere Studienperspektive im unklaren sind. Das Programm versteht sich als *Ergänzung* und nicht als Alternative zu der in der Regel notwendigen ambulanten psychiatrischen Behandlung. Es richtet sich besonders an solche Studenten, bei denen eine Studienberatung durch andere Einrichtungen (Fachschaften, Zentrale Studienberatung etc.) nicht ausreicht. Alle Veranstaltungen finden außerhalb der Klinik in Räumen der Universität statt. Sie werden von einer Diplom-Pädagogin in Zusammenarbeit mit ärztlichen und psychologischen Mitarbeitern der Klinik durchgeführt.

In der Praxis können folgende Hilfen angeboten werden:

- Ein semesterbegleitender Kursus (Gruppe mit max. 10-12 Teilnehmern) zu Fragen der Studienorganisation, Planung und Durchführung des Semesters. Der Kurs soll darüber hinaus Möglichkeiten zum Erfahrungsaustausch bieten und Anregungen zu gemeinsamen Aktivitäten außerhalb des Studiums geben (kulturelle und sportliche Aktivitäten, Freizeitgestaltung).

- Eine intensive Einzelfallbetreuung: Hilfen für eine realistische Semesterplanung und Durchführung, Unterstützung bei Prüfungsvorbereitungen, Hilfen bei der Regelung organisatorischer und finanzieller Probleme, Austauschmöglichkeiten über Alltagserfahrungen, etc.

- Beratung bei Fragen der beruflichen Perspektive (Alternativen zum Studium, Möglichkeiten der Orientierung).

Nach unseren ersten Erfahrungen zeichnen sich v.a. drei Problemkreise ab. Die betroffenen Studenten berichten fast ausnahmslos von einer großen Einsamkeit und sozialen Isolation. Aus diesem Grund schätzen sie besonders das Gruppenangebot, wo sie mit Studenten, die ähnliche Schwierigkeiten haben in Kontakt kommen und Erfahrungen austauschen können. Sehr wichtig ist ihnen dabei der studentische und universitäre Rahmen. Trotz ihrer Isolation haben die meisten es in der Vergangenheit abgelehnt, sich sozial in die "psychosoziale Szene" der Stadt zu integrieren. Ein weiteres wichtiges Thema ist die Tages- und Arbeitsstrukturierung, die gerade dann mißlingt, wenn Konzentrations- und Antriebsstörungen sowie depressive Verstimmungen das psychopathologische Bild dominieren. Die Studenten haben oft unrealistisch hohe Anforderungen an sich selbst ("ich müßte acht Stunden am Schreibtisch sitzen"), an denen sie immer wieder scheitern. Hier erweisen sich gemeinsam erarbeitete realistische Tages- und Wochenpläne, das Besprechen solcher zur Zeit unrealistisch hohen Erwartungen oder die gemeinsame Strukturierung größerer Anforderungen wie z.B. einer Haus- oder Examensarbeit als hilfreiche Möglichkeiten in der Einzelbetreuung. Für mehr oder weniger alle Betroffene werden diese Alltagsfragen zusätzlich durch die im Hintergrund stehende Frage überschattet, ob das Studium (und die anschließende berufliche Perspektive) überhaupt zu schaffen ist. Dies ist ein sehr diffiziles und individuell sehr unterschiedlich akzentuiertes Problem.

7. Schlußfolgerungen

Ernsthafte psychische Krankheiten bei Studierenden sind kein
Einzelphänomen. In der Akutbehandlung in psychiatrischen Kliniken, Tageskliniken oder bei niedergelassenen Psychiatern gibt es
keine wesentlichen Unterschiede zu dem Vorgehen bei anderen Be-
völkerungsgruppen. Unterschiede ergeben sich, wenn durch den
Verlauf der Krankheit und die persönlichen bzw. sozialen Folgen die
Fortsetzung des Studiums gefährdet ist. Neben der medikamentösen
und psychotherapeutischen Behandlung bedarf es in diesen Fällen
weiterer psychosozialer Interventionen. Grundsätzlich unterschieden
sich die Probleme psychisch kranker Studierender nicht von denen
anderer psychisch Kranker: soziale Isolation, Probleme mit der Ta-
ges- und Arbeitsstrukturierung, Angst vor Stigmatisierung und Ausgrenzung, mangelndes Selbstvertrauen und nicht zuletzt weiterbeste-
hende Symptome der Krankheit und störende Begleitwirkungen der
psychotropen Medikation. Die psychosozialen Hilfen müssen auf die
spezifische Lebenssituation und die Problematik von Studierenden
abgestellt sein und in ihrer Form dem hohen Bedürfnis nach sozialer
Normalität der Betroffenen entsprechen. In besonderer Weise stellt
sich das Problem der weiteren beruflichen Zukunft - konkret die
Frage nach Abbruch oder Fortsetzung des Studiums. Dieses
Problem wird von den Betroffenen häufig angesprochen. Wegen der
erheblichen Konsequenzen und dem Mangel an Alternativen wird
eine bewußte Entscheidung aber genauso häufig auch aufgeschoben
und fällt vielfach - im Erleben der Patienten praktisch ohne ihre
Beteiligung - durch äußere Ereignisse wie erneute stationäre
Behandlungen. Diese Erfahrung wirkt sich häufig negativ auf die
weitere   Entwicklung   aus   und   blockiert   nachfolgende
Rehabilitationsversuche.

Welche praktischen Hilfen sind denkbar? Im Rahmen der stationären bzw. teilstationären Behandlung aber auch nach der Entlas-

sung können durch ein gezieltes arbeitstherapeutisches Training die Konzentrationsfähigkeit und Belastbarkeit überprüft und gefördert werden. Hierzu sind Schreibmaschinen- und Computertraining, Lesegruppen, Sprachtraining und Arbeit an Texten auch von der subjektiven Akzeptanz her geeigneter als die üblichen manuellen Tätigkeiten. Die anfangs fast "spielerische" Beschäftigung mit Texten ohne überhöhte Leistungsanforderungen und ohne Bewertungsdruck kann Berührungsängste abbauen und erste Erfolgserlebnisse in einem für die (universitäre) Zukunft zentralen Bereich vermitteln.

Eine regelmäßige, pädagogisch orientierte Unterstützung bei der Wiederaufnahme des Studiums kann eine wichtige Hilfe sein, um eine realistische Semesterplanung zu erstellen und den Arbeitstag zu strukturieren. Darüber hinaus wird die Möglichkeit geschätzt, einen Ansprechpartner für Alltagsprobleme im Studium zu haben. Themenzentrierte Gruppenangebote, die möglichst in universitären Räumen außerhalb der Klinik stattfinden sollten, können dem Austausch von Erfahrungen dienen und der sozialen Isolation vorbeugen. In diesem Rahmen können auch Fragen der weiteren Studienperspektive bzw. möglicher Alternativen diskutiert werden.

Die praktischen Erfahrungen mit solchen Maßnahmen sind bisher noch gering - eine wissenschaftliche Überprüfung ihrer Effizienz und Sinnhaftigkeit steht für bundesrepublikanische Verhältnisse noch aus. Zunächst kann es nur darum gehen, die Problematik psychisch kranker Studierender (wieder) stärker ins Bewußtsein zu rufen und die Erfahrungen und bewährten Konzepte der psychosozialen Betreuung aus anderen Bereichen kreativ zu adaptieren und praktisch zu erproben.

Literatur:

Anthony W.A., K.V. Unger: Supported Education: An Additional Program Resource for Young Adults with Long Term Mental Illness. Com. Ment. Health J. 27 (1991): 145-156

Bruyn, H.B., Seiden, R.H.: Student suicide. J. Amer. Coll. Hlth. Ass. 14, (1965): 69-77, zitiert nach Sperling 1975

Bund-Länder-Kommission für Bildungsplanung und Forschungsförderung: Modellversuch zur Studienberatung. Bericht über eine Auswertung. Köln 1981

Bundesminister für Bildung und Wissenschaft (HRSG): Psychosoziale Situation und Befindlichkeit der Studenten. In: Das soziale Bild der Studentenschaft in der Bundesrepublik Deutschland, 11. Sozialerhebung des Deutschen Studentenwerkes. Bonn 1986

Davidson M.A., C. Hutt: A Study of 500 Oxford Student Psychiatric Patients. Brit. J. soc. clin. Psychol. 3 (1964): 175-185

Dörner, K.: Die Hochschulpsychiatrie, Sozialpsychiatrischer Beitrag zur Hochschulforschung, Stand und Kritik. Enke 1967

Dörner, K.: Hochschulpsychiatrie: ein Problem der Sozialpsychiatrie. Nervenarzt 40, (1969): 1-7

Erikson, E.: Late adolescence. In: D.H. Funkenstein (ed.): The Student and Mental Health, Cambridge, Massachusetts: World Federation for Mental Health 1959, zitiert nach McMichael 1974

Habermas, J.: Zum Einfluß von Schul- und Hochschulbildung auf das politische Bewußtsein von Studenten. In: Gesellschaft, Staat und Erziehung 8 (1959), zitiert nach Ziolko 1969

Hall, Z.A., L.P. Sheil, W.E. Waters: Psychiatric Illness after Leaving University: A Five-Year Follow-Up of students. Brit. J. Psychiat. 140 (1982): 374-377.

Kidd, C.: Psychiatric Morbidity among Students. Brit. J. prev. soc. Med. 19 (1965): 143-150

Kidd, C., J. Caldbeck-Meenan: A Comperative Study of Psychiatric Morbidity among Students at Two Different Universities. Brit. J. Psychiat. 112 (1966): 57-64

Krüger H.J., F. Maciejewski, I. Steinmann: Studentenprobleme, Psychosoziale und institutionelle Befunde. Campus 1982

Lungershausen, E.: Zum Problem der Suizidhandlungen an Universitäten. In: Ziolko, H.U. (Hrsg.) Psychische Störungen bei Studenten (Symposium Berlin 1968), Thieme 1969

McMichael A.J., B.S. Hetzel: An Epidemiological Study of the Mental Health of Australien University Students. Int. J. Epidem. Vol 3, N° 2, (1974): 125-134

Reker, Th., C. Mues, B. Eikelmann: Perspektiven der Arbeitsrehabilitation psychisch Kranker und Behinderter - ein Überblick über den Stand und die Probleme im Landesteil Westfalen. Öff. Gesundh. 52 (1990): 691-695

Reker, Th., B. Eikelmann: Die gegenwärtige Praxis der psychiatrischen Arbeitsrehabilitation. Ergebnisse einer repräsentativen Untersuchung in beschützten Arbeitsverhältnissen in der Region Westfalen. Psych. Praxis 20 (1993): 95-101

Rook, A.: Student suicide. Brit. Med. J. (1959): 599-603

Schulte, W., R. Tölle: Psychiatrie. 5. Aufl., Springer 1979

Sperling, E.: Psychiatrische Dienste an Schulen und Hochschulen. In: Kisker, K. P., J. E. Meyer, C. Müller, E. Strömgren (Hg.) Psychiatrie der Gegenwart, Bd. 3, 2. Aufl., Springer 1975

Trotter, S., K. Minkhoff, K. Harrison, J. Hoops: Supported Work: An Innovative Approach to the Vocational Rehabilitation of Persons Who are Psychiatrically Disabled. Rehab. Psychol. Vol 33/1 (1988): 27-36

Waschkowski, H.: Die berufliche Wiedereingliederung psychisch Kranker - Fünf Jahre Arbeitsversuchs- und Rehaplätze für psychisch Kranke Psychiat. Praxis 18 (1990): 66-70

Unger, K.V., K.S. Danley, L. Kohn, D. Hutchinson: Rehabilitation through education: A University- Based Continuing Education Program for Young Adults with Psychiatric Disabilities on a University Campus. Psychosoz. Rehab.J. Vol X, Nr. 3 (1987): 35-49

Yankowitz, R.B.: Employment Programming and Psychiatric Disabilities. New Direct. Ment. Health Serv. 45 (1990): 37-48

Ziolko, H.U. HRSG.: Psychische Störungen bei Studenten (Symposium Berlin 1968). Thieme 1969

VIII. PSYCHOEDUKATIVES TRAINING ALS BE-STANDTEIL REHABILITATIVER MAßNAHMEN BEI CHRONISCH SCHIZOPHRENEN

W. Peter Hornung und Gerd Buchkremer

Rehabilitation bei chronisch schizophrenen Patienten bedeutet auch, psychotische Rezidive nach Möglichkeit zu vermeiden. Hierbei spielt die neuroleptische Rezidivprophylaxe eine große Rolle. In die längerfristige medikamentöse Behandlung können und sollen die Patienten im Sinne aktiver Mitarbeit einbezogen werden. Psychoedukative Therapieinterventionen liefern hierzu wichtige Voraussetzungen. Vorgestellt wird ein eigener psychoedukativer Ansatz, der in einer kontrollierten, prospektiven Studie an 191 ambulant behandelten, chronisch schizophrenen Patienten evaluiert wurde. Das psychoedukative Training führt zu Verbesserungen des Complianceverhaltens und verändert bestimmte behandlungsbezogene Einstellungen der Patienten.

1. Einleitung

Um die im Rehabilitationsprozeß zu bewältigenden Schritte erfolgreich meistern zu können, ist für schizophrene Patienten eine gewisse Stabilität im Krankheitsverlauf Voraussetzung. Psychotische Rezidive können den intrapsychischen Integrationsprozeß immer wieder aufs Neue behindern und die bestehenden oder rekonstruierten sozialen Systeme gefährden. Einen weitreichenden Schutz vor schizophrenen Rezidiven kann die langfristige oder sogar dauerhafte

Gabe von Neuroleptika bieten (vgl. Davis et al. 1980). Besonders hat sich der kombinierte Einsatz von sozio-, psycho- und pharmakotherapeutischen Interventionen bewährt, da sich die einzelnen therapeutischen Maßnahmen wechselseitig in ihrer Wirkung verstärken (vgl. Hogarty et al. 1986).

Sowohl in der Rehabilitation allgemein als auch in der neuroleptischen Rezidivprophylaxe im speziellen sollten die Wünsche der Patienten nach Selbstbestimmtheit und Selbstbestimmung wahrgenommen und gefördert werden. Ihre Mitarbeit ist bei allen Maßnahmen von entscheidender Bedeutung. Gerade in die medikamentöse Behandlung sollten die Patienten aktiv mit einbezogen werden. Im Idealfall können sie sogar die medikamentöse Rezidivprophylaxe mitgestalten.

Ziel der Behandlung ist dabei Mitbestimmung, also die Kooperation zwischen Patient und Arzt (vgl. Buchkremer u. Hornung 1992). Diese kann bereits während der stationären Behandlung initiiert (Nelson et al. 1975) und auch zum Ziel ambulanter psychotherapeutischer Interventionen gemacht werden (Buchkremer et al. 1988).

Um auf seiten der Patienten die Voraussetzungen für eine partnerschaftliche Zusammenarbeit mit dem Arzt (Böker 1992) zu schaffen, können psychoedukative Therapieansätze hilfreich sein. Diese kombinieren die Vermittlung von Informationen mit psychotherapeutischen Interventionen im engeren Sinne (Goldman 1988; Hatfield 1988). Sie wurden ursprünglich vorwiegend in der Arbeit mit Angehörigen schizophrener Patienten angewandt (Falloon et al. 1982; Leff et al. 1986), in den letzten Jahren aber auch häufiger mit Erfolg in der Behandlung der Patienten selbst. Für ambulante Patienten haben dies amerikanische Untersuchungen (Ascher-Svanum 1989; Eckman et al. 1990) und die Studie von Buchkremer et al. (1988) bestätigt.

Im folgenden soll unser eigener psychoedukativer Therapieansatz kurz umschrieben und der Frage nachgegangen werden, mit welchen Behandlungsvorerfahrungen schizophrene Patienten in eine solche Therapie kommen. Des weiteren werden erste Effekte der psycho-edukativen Arbeit auf krankheitsbezogene Einstellungen und die Verordnungscompliance der Patienten dargestellt.

2. Methode

<u>Therapeutisches Vorgehen</u>: In dem hier entwickelten Therapieansatz wurden edukative Inhalte um psychotherapeutische, in diesem Fall verhaltenstherapeutisch orientierte Techniken erweitert. Dadurch soll über die Wissensvermittlung hinaus ein mitbestimmter Umgang der Patienten mit ihren Medikamenten erreicht und damit die Compliance verbessert werden. Weiter soll den Patienten bei der Früher-kennung drohender psychotischer Krisen geholfen und das Krisen-management im Sinne einer Optimierung der Rezidivprophylaxe adjustiert werden.

Das hier entwickelte Psychoedukative Medikamententraining ist für ambulant behandelte schizophrene Patienten konzipiert, umfaßt 10 expertengeleitete Gruppensitzungen für je 4 - 6 Patienten, in an-fangs wöchentlichen, dann 2wöchentlichen Abständen. Die oben skizzierten globalen Behandlungsziele sollen durch eine ent-sprechende thematische Ausgestaltung in vier Therapiephasen er-reicht werden:

1. Informationsphase (1.- 4. Stunde)

2. Erfassung des Medikationsverhaltens (4.- 6. Stunde)

3. Erfassung individueller Frühsymptome (5.- 7. Stunde)

4. Übungs- und Umsetzungsphase (8.- 10. Stunde)

Den obengenannten Fragen wurde innerhalb einer kontrollierten prospektiven Therapiestudie nachgegangen. Diese soll überprüfen, ob die Kombination von Psychoedukativem Medikamententraining, kognitiver Psychotherapie und Bezugspersonenberatung die Anzahl stationärer Rezidive bei schizophrenen Patienten im Ein-Jahres-Zeitraum reduzieren kann (Buchkremer 1990).

Stichprobe: In die Studie wurden insgesamt 191 schizophrene Patienten (DSM-III-R 1987) aufgenommen. Gemäß der Randomisierung erhielten 133 Patienten das Psychoedukative Medikamententraining. Im Anschluß daran wurde 67 Patienten dieser Gruppe eine Weiterbehandlung mit kognitiver Psychotherapie und den übrigen 66 eine regelmäßig stattfindende Gruppe für Freizeitaktivitäten angeboten. Letztere (ohne weitere Therapie) erhielten auch die 58 Patienten der Kontrollgruppe. Bei einem Teil der Patienten wurde deren Angehörigen eine Bezugspersonengruppe angeboten. Diese umfaßt die Vermittlung von Informationen über schizophrene Erkrankungen und problemlöseorientierte Elemente für die Angehörigen der Patienten (Näheres bei Buchkremer u. Lewandowski 1987). Die wichtigsten demographischen und Krankheitsdaten der Gesamtpatientengruppe stellt die Tab. 1 dar.

Erste Therapieeffekte wurden mittels einer Zwischenauswertung direkt am Ende der Behandlungszeit anhand einer Teilstichprobe der Patienten der Therapiegruppe überprüft. Untersucht wurden dabei die Patienten mit mindestens 70 %iger Teilnahme an den Sitzungen des Psychoedukativen Medikamententrainings. Damit schien eine zumindest quantitativ ausreichende Partizipation an der Therapie gewährleistet zu sein. Diese 74 Patienten unterschieden sich in einem nachträglichen Vergleich hinsichtlich der Randomisierungskriterien nicht von der Gesamtstichprobe. Als Vergleichsgruppe dienten die 58 Patienten aus der Kontrollbedingung.

Tab. 1: Patienten-, Verlaufs- und Behandlungsdaten (n = 191)

	(Mittelwert)	(Std ±)
Lebensalter (Jahre)	31,3	7,0
Ersterkrankungsalter (Jahre)	22,9	5,8
Anzahl stationärer Aufnahmen	4,7	3,6
Dauer der neuroleptischen Rezidiv-prophylaxe (Monate)	78,2	57,1
aktuell verordnete tägliche Neuro-leptika-Dosis (CPZ-Äqui.)	463,9	680,0
Gute Medikamenten-Compliance	72 %	

Untersuchungsinstrumente: Eingesetzt wurde u. a. ein struktu-
riertes Interview ("Medikamentenfragebogen"), in welchem verschiedene Aspekte der medikamentösen Vorbehandlung und des
Medikationsverhaltens in den zurückliegenden 2 Jahren der ambulanten Behandlung erfragt wurden. Der Fragebogen besteht aus 10
Fragenkomplexen, gliedert sich thematisch in mehrere Bereiche und
wurde von einem geschulten Projektmitarbeiter durchgeführt, wobei
die Antworten zu den Fragen vorformuliert sind und teilweise die
Möglichkeit zur Mehrfachauswahl beinhalten. Die Verordnungscompliance wurde dichotom vom Untersucher eingeschätzt. -
Als Selbsteinschätzungsskala wurde u. a. die Krankheitskonzeptskala
(KK-Skala) nach Linden et al. (1988) verwandt, die 7 auf 29 Items
beruhende Dimensionen zu krankheits- und behandlungsbezogenen
Kognitionen erfaßt.

Statistik: Die Auswertung der Daten erfolgte, abhängig vom Da-
tenniveau, mittels Mann-Whitney-U-Test für unabhängige Stichpro-
ben (quantitatives Merkmal) oder Chi^2-Test bei kategorialen Daten.
Die Signifikanztests hatten explorativen Charakter, das Signifikanz-
niveau wurde mit $p < 0.05$ festgelegt.

3. Ergebnisse

<u>Behandlungsvorerfahrungen der Patienten:</u> Im strukturierten Interview wurden die Patienten befragt, ob und in welchem Umfang sie von sich aus und ohne vorherige Rücksprache mit ihrem Arzt die Dosis der Neuroleptika schon einmal modifiziert haben. Dabei lassen sich unterschiedliche Verhaltensstile feststellen. Von 178 Patienten, die hierzu antworteten, hatten im Beobachtungszeitraum 105 die Dosis ihrer Neuroleptika schon einmal ohne Rücksprache mit dem behandelnden Arzt modifiziert ("Patientmodifizierte Medikation", s. Abb. 1).

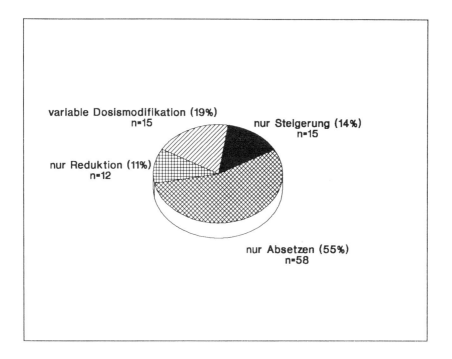

Abb. 1: Formen der patientenmodifizierten Medikation n = 105

Nur 58 Patienten setzten ihre Neuroleptika ausschließlich ab, 15 nahmen nur Dosissteigerungen, 12 nur Reduktionen und die übrigen 20 Patienten variable Dosismodifikationen vor. Derzeit kann noch keine Aussage darüber gemacht werden, wie sich diese Erfahrungen auf das tatsächliche Verhalten der Patienten auswirken und inwieweit Art und Umfang patientmodifizierter Medikation durch die angewandten therapeutischen Interventionen beeinflußt werden. Hingegen ist eine Aussage darüber möglich, ob sich durch die psychoedukativen Maßnahmen Einstellungs- oder Verhaltensänderungen der Patienten gegenüber der Medikation und der Behandlung allgemein ergeben.

Krankheitskonzepte: Wahrnehmung und Bewertung der Erkrankung und der erforderlichen Therapiemaßnahmen durch die Patienten können als sogenannte Krankheitskonzepte verstanden werden. Sie wurden mit Hilfe der Krankheitskonzeptskala von Linden et al. (1988) vor Beginn und nach Ende der Therapie erfaßt.

Vor der Behandlung finden sich signifikante Mittelwertsunterschiede zwischen den beiden Gruppen nur in den Dimensionen "Medikamentenvertrauen" (Therapiegruppe: 12,3 $\pm$ 4,3; Kontrollgruppe: 14,0 $\pm$ 4,2; p=0,025) und "Negativerwartung" (Therapiegruppe: 9,3 $\pm$ 3,7; Kontrollgruppe: 7,3 $\pm$ 3,9; p=0,014). Die letztere bezieht sich auf negative Aspekte der medikamentösen Therapie. Nach Beendigung der Therapie ist auf der Skala "Negativerwartung" diese Gruppendifferenz nicht mehr nachzuweisen (Therapiegruppe: 8,9 $\pm$ 3,3; Kontrollgruppe 7,8 $\pm$ 4,2; n. s.), auf der Skala "Medikamentenvertrauen" nur noch als Tendenz (Therapiegruppe: 13,0 $\pm$ 3,5; Kontrollgruppe 14,5 $\pm$ 3,7; p=0,057).

Im Vergleich der prä-post-Differenz zwischen den Gruppen mit dem U-Test ergibt sich auf der Dimension "Negativerwartung" ein Unterschied zugunsten der Therapiegruppe. Diese Differenz erreicht jedoch nicht das Maß der geforderten statistischen Signifikanz (p=0,05). In den übrigen Subskalen ("Arztvertrauen", "Schuld", "Zufallskontrolle", "Anfälligkeit", "Idiosynkratische Annahmen") finden sich weder vor noch nach der Therapie bedeutsame Gruppen- unterschiede.

Compliance: Ein anderer Aspekt des Umgangs mit den Neurolep- tika und der Einstellungen den Medikamenten gegenüber ist die Ver- ordnungscompliance, also das Maß, in welchem die Patienten die vom Arzt verordnete Medikation einnehmen. Sie wurde als dicho- tome Variable erfaßt. Die Verteilung zwischen den Gruppen vor und nach Therapie ist in Abb. 2 wiedergegeben.

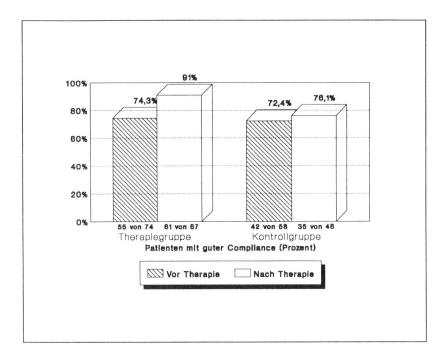

Abb. 2: Veränderung der Verordnungscompliance

Da die Verordnungscompliance ein Randomisierungskriterium darstellt, ist die relative Zahl der Patienten mit guter Compliance in
beiden Gruppen anfangs in etwa gleich. Sie nimmt im Therapiever-
lauf in beiden Gruppen zu, in der Behandlungsgruppe deutlicher als
in der Kontrollgruppe. Der berechnete Unterschied nach Therapie-
ende zwischen den Gruppen ist allerdings statistisch nicht signifikant.

4. Schlußfolgerungen

Edukative und psychoedukative Therapiemethoden haben sich in der
Behandlung schizophrener Patienten gut bewährt. Erste Effekte eines
psychoedukativen Medikamententrainings können auch anhand der
vorliegenden Untersuchung aufgezeigt werden.

Bei der Bewertung der Ergebnisse sollte berücksichtigt werden, daß
die untersuchte Patientengruppe aus schizophrenen Patienten besteht,
die eher chronisch krank sind und insofern eine Selektion darstellen,
als sie ein besonderes Interesse an einer psychoedukativen Therapie
hatten und diese darüberhinaus in beinahe regelmäßiger Teilnahme
nutzten.

Zunächst gilt aber für die Gesamtgruppe der Patienten, daß sie
bereits mit unterschiedlichen Erfahrungen in Bezug auf ihre Medikation in die Behandlung kommen (vgl. Hornung et al. 1990). Sie
berichten nicht nur von selbständigem Absetzen der Neuroleptika,
sondern auch von eigeninitiierten Dosisreduktionen und -steigerun-
gen. Diese Erfahrungen können Ansatzpunkte für die weitere inhalt-
liche Gestaltung der therapeutischen Interventionen und für die
Formulierung individueller Therapieziele im psychoedukativen Set-
ting darstellen. Daß patientmodifizierte Medikation nicht nur Absetzen, sondern auch Reduktion oder Steigerung der Dosis bedeuten
kann, heißt auch, daß sie nicht einfach mit Non-Compliance gleich-

gesetzt werden darf. Dies zeigt, wie wichtig eine genaue Beschreibung des Medikationsverhaltens und eine differenzierte Untersuchung der Compliance ist (vgl. auch Linden 1979).

Nehmen diese Patienten dann mit einer gewissen Regelmäßigkeit am psychoedukativen Medikamententraining teil, lassen sich Änderungen in ihren Einstellungen gegenüber der medikamentösen Behandlung feststellen. Die Patienten der Therapiegruppe schätzen die Neuroleptika nach der Therapie mehr und befürchten weniger negative Konsequenzen von ihnen. Obwohl diese Behandlungsergebnisse nicht vollständig statistisch gesichert sind, entsprechen sie den Resultaten anderer Autoren (Seltzer et al. 1982; Brown et al. 1987).

In die gleiche Richtung weist die Verbesserung der Verordnungscompliance bei den Patienten der Therapiegruppe. Auch dieses Ergebnis ist nicht statistisch signifikant, korrespondiert aber mit der günstigen Entwicklung in der Bewertung der Medikamente. Nach Linden et al. (1988) bestehen Korrelationen zwischen Medikamentenvertrauen und Negativerwartungen einerseits und Verordnungscompliance andererseits. Die Verordnungscompliance nimmt mit dem Medikamentenvertrauen und den geringer werdenden Negativerwartungen zu. Eine entsprechende Entwicklung läßt sich auch bei den Patienten der Therapiegruppe feststellen.

Zusammenfassend kann gesagt werden, daß das beschriebene psychoedukative Medikamententraining günstige Effekte auf die Verordnungscompliance und auf die Haltung gegenüber Neuroleptika aufweist. Ob diese Effekte von Dauer sind und sich sogar in einem veränderten Medikationsverhalten niederschlagen, kann jedoch erst zu einem späteren Zeitpunkt gesagt werden. Dann wird sich klären, ob durch das Medikamententraining eine Mitbestimmung der Patienten in der Pharmakotherapie erzielt wird.

Literatur:

Ascher-Svanum, M.: A psychoeducational intervention for schizophrenic patients. Patient Educ Couns 14 (1989): 81-87

Brown, C.S., Wright, R.G., Christensen, D.B.: Association between type of medication instruction and patients' knowledge, side effects, and compliance. Hosp Community Psychiatry 38, 1 (1987): 55-60

Buchkremer, G.: Kombination von Psychoedukativem Medikamententraining, kognitiver Psychotherapie und Bezugspersonenberatung zur Rezidivprophylaxe bei schizophrenen Patienten. In: Projektträgerschaft Forschung im Dienste der Gesundheit (Hrsg) Klinische Studien in der Psychiatrie, Bd 14, Bonn 1990

Buchkremer, G., Hornung, WP.: Patientenmitbestimmung in der Pharmakotherapie schizophrener Patienten. In: Andresen B, Stark FM, Gross J (Hrsg) Mensch Psychiatrie Umwelt. Psychiatrie-Verlag, Bonn 1992: 297-306

Buchkremer, G., Lewandowski, L.: Therapeutische Angehörigenarbeit bei schizophrenen Patienten: Rationales, Konzept und praktische Anleitung. Psychiat Prax 14 (1987): 73-77

Buchkremer, G., van der Ven, M., Schulze Mönking, H.: Medikamentenmitbestimmung - ein psychotherapeutisches Ziel bei schizophrenen Patienten. In: Helmchen H, Hippius H, Tölle R (Hrsg) Therapie mit Neuroleptika-Perazin. Stuttgart: Thieme 1988

Davis, M., Schaffer, C.B., Killian, G.A., Kinard, C., Chan, C.: Important issues in the drug treatment of schizophrenia. Schizophr Bull 6 (1980): 70-87

Eckman, T.A., Liberman, R.P., Phipps, C.C., Blair, K.E.: Teaching medication management skills to schizophrenic patients. J Clin Psychopharmacol 10 (1990): 33-38

Falloon, I.R.H., Boyd, J.L., Mc Gill, C.W., Razani, J., Moss, H.B., Gilderman, A.M.: Family management in the prevention of exacerbations of schizophrenia. A controlled Study. N Engl J Med 306 (1982): 1437-1440

Goldman, C.H.R.: Toward a definition of psychoeducation. Hosp Community Psychiatry 39 (1988): 666-668

Hatfield, A.B.: Issues in psychoeducation for families of the mentally ill. Int J Ment Health 17 (1988): 48-64

Hogarty, G.E., Anderson, C.E., Reiss, D.J., Kornblith, S.J., Greenwald, D.P., Jarna, C.D., Madison, M.J.: Family psychoeducation, social skills training, and maintenance chemotherapy in the aftercare treatment of schizophrenia I. One-year effects of a controlled study on relapse and expressed emotion. Arch Gen Psychiatry 43 (1986): 633-642

Hornung, W.P., Buchkremer, G., Redbrake, M.: Codetermination of medication as a step towards improved compliance. The patients' viewpoint. Schizophrenia Research 3 (1990): 41

Leff, J., Kuipers, L., Berkowitz, R.: A controlled trial of social intervention in the families of schizophrenic patients. Br J Psychiatry 141 (1982): 121-134

Linden, M.: Therapeutische Ansätze zur Verbesserung von Compliance. Nervenarzt 50 (1979): 109-114

Linden, M., Nather, J., Wilms, H.U.: Zur Definition, Bedeutung und Messung der Krankheitskonzepte von Patienten. Die Krankheitskonzeptskala (KK-Skala) für schizophrene Patienten. Fortschr Neurol Psychiatr 56 (1988): 35-43

Nelson, A., Gold, B.H., Hutchinson, R.A., Benezra, E.: Drug default among schizophrenic patients. Am J Hosp Pharm 32: (1975) 1237-1242

Seltzer, A., Roncari, J., Garfinkel, P.: Effect of patient education on medication compliance. Can J Psychiatry 25 (1980): 638-645

IX. LANGFRISTIGE BEHANDLUNG UND REHA-BILITATION CHRONISCH PSYCHISCH KRAN-KER UND BEHINDERTER MENSCHEN

Heinrich Kunze

Ein Orientierungsrahmen für Behandlung und Rehabilitation wird skizziert, der von Personen statt Institutionen ausgeht: Der Patient ist nicht nur Objekt, sondern auch und vor allem Subjekt im therapeutischen Prozeß. Entsprechend sollen auch psychiatrische Hilfen personen- statt institutionsbezogen organisiert sein.

1. Langfristige Behandlung und Rehabilitation chronisch psychisch kranker und behinderter Menschen

Psychische Erkrankungen, die mit, ohne oder trotz Behandlung in überschaubaren Zeiträumen ausheilen, sind weder für Patienten noch ihre Therapeuten ein besonderes Problem. Die Herausforderung beginnt, wenn der chronische bzw. chronisch rezidivierende Verlauf der Erkrankung nicht mehr zu verleugnen ist.

Patienten, Angehörige und Therapeuten erwarten, daß eine Krankheit aufhört und der Erkrankte wieder so weiterleben kann, wie vor Beginn der Erkrankung. Der Arbeitsplatz wird durch Krankschreibung freigehalten. Die Rolle des Kranken hält den Platz für die Rückkehr in die verschiedenen Rollen des Gesunden (Familie, Freizeit, Freunde, Vereine...) frei. Je länger aber eine Erkrankung dauert, um so weniger angemessen ist eine nur auf Heilung oder Symptombeseitigung ausgerichtete Behandlung bzw. die entsprechende Krankenrolle.

Bei chronischem Krankheitsverlauf ist ein häufiger Verleugnungsmechanismus der immer wieder neue Versuch, doch eine (Wunder-)Heilung zu erreichen: mit einem neuen Medikament in veränderter Dosierung oder mit den verschiedensten psycho- und soziotherapeutischen Maßnahmen, einschließlich denkbarer Kombinationen. Der Patient sucht immer wieder neue Ärzte und Kliniken auf.

In der Verleugnung des chronischen Verlaufs unterstützen sich Patient und Therapeut nicht selten wechselseitig. Sie erreichen so einen Aufschub vor der kränkenden Einsicht, daß die bisherige Hoffnung auf Heilung unrealistisch ist, daß der Kranke sich mit der Krankheit einrichten muß und daß der Therapeut kein omnipotenter Heiler ist.

Diese Tendenzen konvergieren mit geschäftlichen Interessen der Gesundheitsindustrie, z.B.:

- das Marktangebot an Psychopharmaka ist inflationär im Vergleich zu den von der WHO als unverzichtbar bezeichneten Substanzen;

- die unübersehbare Zahl von konkurrierenden Psychotherapieschulen steht in keinem Verhältnis zu den wenigen empirisch erwiesenen Wirkkomponenten.

Wenn die angestrengte Verleugnung dann erschöpft aufgegeben wird, so kann das bei den verschiedenen Beteiligten so aussehen:

- der Therapeut läßt sich die weitere Zuständigkeit für seine "Therapieversager" (insgeheim erleichtert) abnehmen, z.B. indem er dem Drängen der Krankenkasse nachgibt und den zum "Pflegefall" erklärten stationären Patienten verlegt, oder er erhöht den Druck auf den Patienten zur Verbesserung der Motivation (Bennett 1992) mit dem Ergebnis, daß der Patient aus der Therapie herausfällt;

- Patient und Angehörige geben sich resigniert selbst auf (Suizid-Gefahr, Müller 1989).

Verleugnung prägt den individuellen und den institutionellen Umgang mit chronisch psychisch kranken und behinderten Menschen. Ich möchte für Behandlung und Rehabilitation einen Orientierungsrahmen skizzieren, der von Personen statt Institutionen ausgeht: Der Blick muß für verschiedene Interventionsziele gleichzeitig offen sein und die subjektive Bedeutung für die erkrankte Person in ihrem eigenen sozialen Lebensumfeld berücksichtigen. Von großer Wichtigkeit ist deshalb die psychotherapeutische Begleitung des Patienten und seiner Bezugspersonen dabei, Leid, Enttäuschungen und Einschränkungen mit den Lebenszielen wieder in Einklang zu bringen. Entsprechend soll psychiatrische Behandlung und Rehabilitation personen- statt institutionsbezogen organisiert sein.

Es geht um die systematische Verknüpfung von vorhandenen, aber verstreuten, disparaten, in der Regel nur je für sich diskutierten Kenntnissen und Erfahrungen, nicht um eine wieder neue Therapieschule.

2. Der Patient als Objekt und Subjekt

Der Patient ist nicht mehr Objekt autoritär/paternalistischer Fürsorge, sondern idealtypisch eine sich selbst bestimmende Person im *eigenen* sozialen Beziehungsnetz, mit der Therapie-Bündnisse *ausgehandelt* werden. Patienten folgen therapeutischen Empfehlungen/Verschreibungen immer weniger aus der Motivation heraus "was der Arzt sagt, ist schon richtig, ist gut für mich". Sie haben immer häufiger den Anspruch, daß sie nur das tun und lassen, was sie selbst einsehen können, d.h. wenn sie die Zusammenhänge verstehen und die positiven und negativen Ergebnisse einer Therapie nach ihren eigenen Maßstäben akzeptieren können. Dies ist bei psy-

chisch Kranken häufig ein schwieriger Prozeß, weil durch die Erkrankung ja gerade Funktionen beeinträchtigt sein können, die für
diese subjektive Willensbildung wichtig sind.

Gerade in der Psychiatrie gibt es immer wieder Patienten, die infolge ihrer Erkrankung zeitweise zur eigenverantwortlichen Entscheidung über Therapie-Bündnisse nicht fähig sind. Dann muß ggf.
(fürsorglicher) Zwang im Rahmen des Betreuungsgesetzes oder des
Psychisch-Kranken-Hilfe-Gesetzes ausgeübt werden. Aber auch dann
gilt es, sich als Therapeut an die eigenverantwortliche Person zu
wenden - und wenn diese zeitweise nicht handlungsbestimmend ist,
so muß dies eben später nachgeholt werden.

Krankheitseinsicht als Voraussetzung für Compliance, Motivation,
die Fähigkeit zum Therapie-Bündnis ist aber nicht nur ein Problem
des Patienten, sondern vielmehr zunächst *das* Problem der Therapeuten (Schwoon 1992). Der diagnostische Prozeß (Kind 1978) hat
von Anfang an verschiedene Funktionen gleichzeitig zu erfüllen:
Der Therapeut muß objektivierend zu den erforderlichen Befunden
kommen. Dazu zählt auch das (nach der klassischen
Psychopathologie) mit objektivierendem Interesse registrierte
subjektive Krankheitserleben des Patienten (z.B. abnorme
Erlebnisweisen als Symptome 1. und 2. Ranges nach K. Schneider).

Zum anderen geht es darum, daß der Kranke seine individuellen
Beeinträchtigungen wahrzunehmen lernt, dafür ein geschärftes Bewußtsein ent-wickelt und sich darüber auch begrifflich mit seinem
Therapeuten und seinen Angehörigen verständigen kann. Nur so
kann er die für ihn vorgesehenen medikamentösen und psycho-
/sozio-therapeutischen Behandlungen in ihren Wirkungen und Nebenwirkungen verstehen, d.h. den Nutzen der Therapie ganz konkret
bezogen auf die eigene Befindlichkeit und das persönliche Krankheitserleben nachvollziehen (Böker und Brenner 1986, Häfner 1991,
Leff und Vaughn 1985, Scharfetter 1990).

Therapeuten unterstellen häufig unreflektiert die *Übereinstimmung von Zielen und Krankheitsverständnis* bei Patienten (mit Angehörigen) und Therapeuten (Polak 1979). Faktisch wird ein Patient erst dann therapiefähig, wenn er sich den Zielen und Begriffen sowie dem Krankheitsverständnis des Therapeuten angeschlossen hat, ansonsten gilt er als uneinsichtig und unmotiviert. Wenn Compliance nicht auf blindem Vertrauen beruhen soll, wenn Therapievoraussetzung nicht sein soll, daß der Patient den Therapeuten, sondern der Therapeut den Patienten versteht, dann ist es Aufgabe des Therapeuten, eine Brücke zwischen seinem wissenschaftlich geprägten Krankheitskonzept und der Auffassung des Patienten über Art, Ursache und Beeinflussungsmöglichkeiten der wahrgenommenen Störungen sowie seinen Veränderungszielen zu bauen. Der erste entscheidende Schritt dazu ist, das Problem-Verständnis, die Sorgen und die Ziele des Patienten herauszufinden und von der Lebenssituation des Patienten her zu verstehen. - Dabei spielen die für den Patient wichtigen Bezugspersonen (Angehörige, Freunde, Arbeitskollegen) mit ihren Auffassungen eine entscheidende Rolle. Bezugspersonen sind aber nicht nur Informationsquellen für Therapeuten! (Ciompi et al 1979, Dauwalder et al. 1984)

Aber es geht nicht mehr nur um den Patienten in der therapeutischen Zweier-Beziehung, sondern auch um die Wahrnehmung des Zusammenhangs zwischen Symptomen, Beeinträchtigungen, Erleben in der Wechselwirkung mit den konkreten sozialen Situationen. Das gilt sowohl für die realen sozialen Lebenssituationen des Patienten wie auch für die therapeutischen Institutionen. Ein Ziel ist es, daß der Patient lernt (und ggf. seine Bezugspersonen), belastende und entlastende Situationen vorausschauend unter Berücksichtigung von therapeutischen Hilfen (incl. z.B. Wirkungen und Nebenwirkungen von Medikamenten) zu erkennen und zu steuern und so zu einem Gleichgewicht zu kommen (Böker und Brenner 1986, Häfner 1991, Leff und Vaughn 1985, Scharfetter 1990).

Damit ist der Patient im diagnostischen und therapeutischen Prozeß nicht mehr wie herkömmlich eine von ihrer konkreten sozialen Situation isolierte Monade, die der Therapeut an den jeweilig institutionellen Ort bringen kann, an dem die verschiedenen somatischen, sozio- und psychotherapeutischen Verfahren organisatorisch am besten auf den Patienten konzentriert werden können (z.b. wohnortferne Kliniken, bundesweit aufnehmende Berufsförderungswerke).

Wenn Therapeut und Patient auf Heilung und Symptombeseitigung fixiert sind, dann blenden sie einen weiteren wichtigen Fokus aus, nämlich *verbliebene Fähigkeiten* fördern und *kompensatorische Fähigkeiten* entwickeln (Rüger et al. 1990, WHO 1980). Als Beispiel aus der somatischen Medizin sei an die Bedeutung der Frühmobilisation von operierten Patienten oder an die Aktivierung von geriatrischen Patienten erinnert. Dabei wird ein therapeutisches Milieu gepflegt (vgl. auch Psych-PV, Kunze und Kaltenbach 1992), das bezogen auf den einzelnen Patienten und seinen aktuellen Krankheitszustand die individuell notwendige Balance zwischen konkreter Entlastung und unvermeidbarer Belastung realisiert. Die wichtigen Überschriften lauten: Gesunde Anteile der Persönlichkeit ansprechen, Hospitalismus vermeiden.

Rehabilitative Behandlung (kostentechnisch gesehen klinisch-stationäre Therapie (Kunze und Kaltenbach 1992) und medizinische Rehabilitation) berücksichtigt dies alles z.B. in Trainingsprogrammen bei Patienten mit hirnorganischen Syndromen, bei psychosozialen und psycho-edukativen Programmen zur Behandlung und Rehabilitation von Patienten mit schizophrenen Erkrankungen.

Der Ausgleich von Defiziten und sozialen Benachteiligungen ist während der ganzen Behandlungszeit wichtig, doch erlangt dieser Aspekt besondere Bedeutung, wenn die anderen therapeutischen Anstrengungen keine ausreichenden Ergebnisse bringen - oder der Patient sich nicht ändern kann, kein entsprechendes Therapie-Bündnis eingeht (Brugha 1991, WHO 1980). Die traditionelle Problemlösung ist: Wer nicht in ambulante Behandlung entlassen werden kann, wird zum "Pflegefall" im Heim oder im Langzeitbereich eines psychiatrischen Krankenhauses (Kunze 1992). Dadurch wird aber die noch vorhandene soziale Integration (z.b. vorhandene Wohnung, in der die Person aber ohne erhebliche Hilfe nicht klar kommt; Angehörige, Nachbarn, die sich kümmern würden, wenn sie unterstützt würden usw.) abgeschnitten und zerstört. Die Unterbringung in einer vollstationären Einrichtung ist ein globaler, undifferenzierter Defizitausgleich mit allen Nachteilen, wie sie in der Hospitalismus-Literatur beschrieben worden sind (Wing 1975).

Der personen-zentrierte Ansatz gibt dem Erhalt der vorhandenen, wenn auch für sich unzureichenden sozialen Integration der Person einen ganz hohen Stellenwert: individualisierte Hilfen kommen ergänzend hinzu, um die Person in *ihrer* (d.h. vom Patienten subjektiv als seine ihm vertraute, geschätzte) Umgebung zu stabilisieren, statt sie in eine ganz neue Lebenswelt in einer Einrichtung zu versetzen.

Differenzierte Ansätze zielen darauf hin, das konkrete *soziale Netzwerk* (Angermeyer und Klusmann 1989) der Person zu stabilisieren, z.B. Angehörigen zu helfen, besser mit Besonderheiten und Schwierigkeiten ihres schizophrenen Familienmitgliedes umzugehen, sie zu stützen und zu entlasten (z.b.: durch beschützte Arbeit des Behinderten statt untätig zu Hause zu sitzen, Tagespflegestätte für ein altersverwirrtes Familienmitglied statt 24 Stunden Familienpflege durch die Tochter). Damit wird der Zusammenhang von Arbeit mit Bezugspersonen und den Hilfen, die in die Lebensbereiche Wohnen, Arbeit, Freizeit hineinreichen, deutlich. Als Beispiel sei die berufliche Rehabilitation angeführt: Dem traditionell institutionszentrierten Ansatz gemäß wird ein Rehabilitand für 2 Jahre in ein Berufsförderungswerk geschickt - um den Preis der Entwurzelung an seinen bisherigen sozialen und therapeutischen Beziehungen. Für die Zeit der Reha-Maßnahme mag ja noch die Stabilisierung durch zusätzliche Maßnahmen gelingen. Aber die Rückkehr in die - welche? soziale Realität wird dann um so schwieriger (Bundesministerium für Arbeit und Sozialordnung 1988).

Personenzentrierte berufliche Rehabilitation (Bundesministerium für Arbeit und Sozialordnung 1987) stellt die reale soziale Integration möglichst wenig in Frage und benutzt die beruflichen Möglichkeiten vor Ort: den durch Krankschreibung gesicherten eigenen Arbeitsplatz, einen beschützten Arbeitsplatz in der realen Arbeitswelt oder einer Werkstatt für Behinderte, Selbsthilfefirma usw. Dabei müssen die Arbeitsplätze behindertengemäß unter psychosozialen Gesichtspunkten (analog zur instrumentell-prothetischen Anpassung bei körperbehinderten Personen) mit fördernder und/oder kompensierender Zielrichtung gestaltet werden.

Auf diese Weise werden die Arbeitsanforderungen so beschränkt und strukturiert, daß der psychisch Behinderte nicht überfordert, aber auch nicht unterfordert werden kann. Die Kollegen, Vorgesetzten und der behinderte Arbeitnehmer werden beraten, welche Fähigkeiten und Stärken er unter welchen Bedingungen entfalten kann und wie konstruktiv mit Besonderheiten, Auffälligkeiten, mit Fehlern und Schwächen umzugehen sei, statt diese so lange zu negieren, bis das "Faß überläuft". Ein solches Vorgehen kann analog auch auf andere soziale Bereich, z.B. Alltagsbewältigung in der eigenen Wohnung, angewandt werden.

Das *Ziel von Rehabilitation* ist, "eine körperlich und psychisch behinderte Person zu befähigen, in einem soweit als möglich normalen sozialen Kontext den bestmöglichen Gebrauch von ihren verbliebenen Fähigkeiten zu machen." (Bennett 1992). Diese fachliche Definition von Rehabilitation ist weiter als die kostentechnische der

Rehabilitationsleistungsträger: sie schließt auch die sogenannten "Pflegefälle" ein (vgl. auch SGB I § 10).

Soziale Benachteiligung kann sein: Kündigung des Arbeitsplatzes, Verlust der Wohnung, soziale Isolation durch Stigmatisierung. Hilfestrategien gemäß einem personen-zentrierten Ansatz könnten sein: Erhalt des eigenen Arbeitsplatzes bei Minderung der Anforderungen und finanziellem Ausgleich an den Arbeitgeber (durch die Hauptfürsorgestelle), Bereitstellung einer Wohnung mit zugehender Unterstützung durch eine Hilfe-Institution ("dezentralisiertes Heim", "Betreutes Wohnen" ...), therapeutische Unterstützung zur Überwindung der Isolation im eigenen Lebensfeld des Rehabilitanden, zur Einlösung sozialrechtlicher Leistungsansprüche.

3. Psychotherapeutische Begleitung

Die psychotherapeutische Dimension wird umso wichtiger, je länger die krankheits- und behinderungsbedingten Beeinträchtigungen dauern (Sachsse). Der diagnostisch-therapeutische Prozeß hat u.a. die Aufgabe, beim Patienten eine möglichst konkrete Wahrnehmung und begriffliche Kommunikationsfähigkeit in Bezug auf seine Beeinträchtigungen einerseits und seine Fähigkeiten bzw. positiven Seiten andererseits zu entwickeln (s.o.). Dies hat aber nicht nur eine kognitive Seite. Viel schwieriger für die betroffene Person ist das Problem, wie sie die Konsequenzen daraus mit ihrem Selbstbild und ihren Lebenszielen in Einklang bringt. Selbstbild sowie Lebensziele werden dabei stark von wichtigen Bezugspersonen aus Vergangenheit und Gegenwart beeinflußt (Ciompi et al 1979, Dauwalder et al. 1984).

SACHSSE (1993) weist ausführlich darauf hin, daß sich dieses Problem in verschiedenen Phasen der rehabilitativen Behandlung unterschiedlich akzentuiert stellt und zuspitzt. Die Einsicht, daß die

psychische Erkrankung nicht bald vorübergeht, erfordert oft lang-
wierige Trauerarbeit mit psychotherapeutischer Unterstützung. Z.B.:
Bei einem an Schizophrenie erkrankten Menschen ist die bewußte
Wahrnehmung der persistierenden Basisstörungen und Beeinträchtigungen Voraussetzung dafür, daß er die Notwendigkeit eines län-
geren Rehabilitationsprozeßes einsieht. Das gleiche gilt am Ende einer Maßnahme angesichts von nicht eingelösten Hoffnungen auf die
Beseitigung von Behinderungen oder ihren Ausgleich (z.B. Ange-
wiesensein auf umfangreiche Hilfen bis hin zum Leben in einer be-
schützenden Institution). SACHSSE spricht von der narzißtischen
Dauerkatastrophe und beschreibt im einzelnen die unterschiedlichsten Formen der Abwehrmechanismen und Stadien der Trauerarbeit.

Rehabilitation besteht eben nicht nur in der Beseitigung oder im
Ausgleich von Defiziten, sondern sie erfordert auch eine geduldige
und differenzierte Hilfe in der Verarbeitung der in diesem Prozeß
immer wieder auftretenden Kränkungen. Gleichzeitig müssen Ziele
und subjektiver Lebenssinn in der besonderen sozialen Situation auf
der Grundlage der eingetretenen Einschränkungen und Grenzen neu
bestimmt werden.

4. Personen- statt institutionsorientierte Organisation psychiatrischer Hilfen

Die herkömmliche Organisation von psychiatrischer Behandlung und
Rehabilitation geht davon aus, daß der Patient von einem Arzt zum
anderen, von einer Institution zur anderen, von einer Station zur anderen, von einer Klinik zur anderen, wandert, immer an den jeweiligen Ort, an dem die Mischung von unterschiedlichen Hilfen organisatorisch gebündelt ist, welche für die jeweilige Behandlungs- oder
Hilfe-(Phase) für erforderlich gehalten wird. Der Patient durchläuft
eine *Kette von Einrichtungen*. Hierbei ist die theoretische Prämisse,

daß man an den aus seiner realen Lebenssituation herausgenommenen *Patienten/Monade* durch somasozio- (institutionelles therapeutisches Milieu, Cumming 1979) und psychotherapeutische Verfahren bestimmte personengebundene Symptome, Mechanismen, Eigenschaften (z.b. Abwehrmechanismen, kognitive Muster, soziale Fertigkeiten, Antrieb, Stimmung usw.) positiv verändern und der Patient diese Veränderungen in seine Lebenssituation mitnehmen kann.

Dieser Ansatz wird weiter stabilisiert:

- Die Kostenträger (insbesondere Rentenversicherer und Krankenkassen) erwarten Maßnahme-Transparenz durch Zusammenfassung aus kostentechnischer Sicht gleichartiger Patienten zu in sich homogenen Organisationseinheiten wie Stationen, Kliniken usw. (Die kostentechnische Maßnahme-Transparenz kann aber auch personenbezogen statt institutionsbezogen erreicht werden.)

- Therapeuten glauben, Differenzierung und Spezialisierung erfordern die organisatorische Zusammenfassung einer ausreichenden Zahl von Personen mit gleichartigen Problemkonstellationen (Differenzierung und Spezialisierung kann aber auch personenbezogen statt über Methoden-homogene Einheiten erreicht werden.)

- Die Organisation psychiatrischer Hilfen in Einrichtungen kommt dem Sicherheits- und Kontroll-Bedürfnis der Therapeuten entgegen. Wenn der Patient in die Klinik (oder andere Einrichtungen) kommt, begibt er sich auf das Territorium der Therapeuten. Dort bestimmen sie die Regeln, definieren die Bedeutung von sozialen Situationen, üben das Hausrecht aus. Geht der Therapeut ins soziale Feld des Patienten (z.B. Hausbesuch), so sind die Einflußmöglichkeiten und die Machtverhältnisse (praktisch und formal) völlig anders, was für den Therapeuten eine erhebliche Herausforderung bedeutet (ganz abgesehen vom Aufwand für Wege-, Warte-Zeiten usw.).

Die Organisation von Hilfen (Behandlung, Rehabilitation, Pflege) als Kette von Diensten und Einrichtungen bringt erhebliche Nachteile mit sich:

- Eine vertrauensvolle therapeutische Beziehung zwischen Patient, Bezugspersonen und Therapeuten, die aus der gemeinsamen therapeutischen Arbeit (vgl. oben) gewachsen ist, kann nicht wie ein Hemd ausgetauscht oder wie ein Aktenvorgang weitergereicht werden: ein Patient ist kein verfügbares Objekt. Entwickelte Vertrauensbeziehungen und akkumulierte Kenntnisse bei Therapeuten, Patienten, Bezugspersonen, Informationen über Lebensfeld und Hilfemöglichkeiten in der Region werden immer wieder dezimiert.

- Die Verhaltenstherapie hat das Problem des Transfers bzw. der Generalisation von Therapie-Ergebnissen von einer Therapie-Situation zur anderen und ins reale Leben thematisiert. Entweder muß der Transfer Teilaufgabe der Therapie vor deren Abschluß sein, oder - besser - die Therapie setzt direkt (und ohne Umweg über eine Einrichtung) im realen Lebensfeld des Patienten an, so daß sich das Transfer-Problem erst gar nicht stellt. (Die Herausnahme eines Patienten aus einem realen Lebensfeld kann vorübergehend unumgänglich sein, wenn eine krisenhaft zugespitzte Situation anders nicht stabilisiert werden kann.)

Je schwerer und länger die Erkrankungen sind, je geringer die soziale Integration der Kranken ist und je weniger sie für sich selber sorgen können, um so stärker werden sie unter den gegebenen Verhältnissen vernachlässigt. Auf Heilung ausgerichtete Therapieprogramme selektieren nach Indikation und nehmen geeignete Patienten mit möglichst gleichartigen Erkrankungen und Betreuungsanforderungen auf. Dies erleichtert die Differenzierung sowie die Spezialisierung und hält die Komplexität des Arbeitsfeldes für die Therapeuten überschaubar.

Traditionell organisierte psychiatrische Versorgung gliedert ihre
Therapie-Versager schrittweise aus therapeutisch qualifizierten Programmen in wohnortferne kustodiale Institutionen aus
(vernachlässigte Langzeitstationen in psychiatrischen Krankenhäusern oder Heime). Kostentechnisch handelt es sich dann um sogenannte "Pflegefälle", bei denen es nur noch um "Wartung und
Pflege" (§ 68 BSHG) geht. Die meisten vernachlässigten psychisch
Kranken leben jedoch isoliert in der Gemeinde, ggf. unterstützt von
überforderten Angehörigen, oder sie sind obdachlos
(Expertenkommission 1988, Lamb 1993). HART (1971), ein Eng-
länder, hat diese Verhältnisse mit dem Wortspiel "The inverse care
law" gekennzeichnet: Die Qualität und Verfügbarkeit von Behandlung und Rehabilitation sei umgekehrt proportional zum Bedarf.
Dieses Gefälle erkennt man wieder, wenn man die Finanzierungs-
möglichkeiten von Hilfen für psychisch Kranke und Behinderte betrachtet: Die Kosten für auf Heilung ausgerichtete Krankenhausbehandlung übernimmt die Kasse. Rehabilitative Krankenhausbehandlung ist schon sehr schwierig, ggf. nur mit Unterstützung von Sozi-
algerichten durchsetzbar. Medizinische und berufliche Rehabilitation
für psychisch Kranke und Behinderte ist nur ausnahmsweise er-
reichbar. Je länger eine psychische Erkrankung/Behinderung dauert,
um so größer ist die Wahrscheinlichkeit, daß der Betroffene zum
Selbstzahler wird, und wenn er arm ist, Sozialhilfe in Anspruch
nehmen muß.

Ein vergleichbares Gefälle haben die verschiedenen Interventionsziele: Behandlung (egal ob somato-, milieu- oder psychotherapeutische), die auf Heilung abzielt, hat das höchste Prestige (vgl. Pre-
stige-Hierarchie von Berufsgruppen, Qualifikationen, Therapieschu-
len, Einkommen, akademischer Rang von Themen...); verbliebene
Fähigkeiten fördern, kompensatorische Fähigkeiten entwickeln, ist
Sache der "Heil-Hilfs-Berufe", wie Ergotherapeuten, Bewegungsthe-
rapeuten, Pflegepersonal. Und für die schwer psychisch kranken und

behinderten Menschen, die sich nicht ändern wollen oder können bzw. deren Störungen therapeutisch nicht beeinflußbar sind, gilt, daß sie in der Regel kustodialer Pflege überlassen werden. Diese wird von einem besonders hohen Anteil unqualifizierter Kräfte ausgeführt. - Aber warum ist es nicht eine ebenso anspruchsvolle Aufgabe wie Behandlung, bei diesen Menschen so differenziert ihre Defizite und Störungen zu kompensieren, ihre erlittenen Benachteiligungen auszugleichen, daß sie in ihrer Lebensumwelt menschenwürdig leben können, statt in eine vollstationäre Einrichtung irgendwo verpflanzt zu werden? (Vgl. Definition Rehabilitationsziel oben)

Der Prüfstein für die Gemeindepsychiatrie ist vor allem die Gruppe der "*Unheilbaren*", für die im vorigen Jahrhundert die Heilanstalten zu Heil- und *Pflege*-Anstalten (Kunze 1981 und 1992) wurden: Es gilt, für die "Unheilbaren" die Voraussetzungen zu schaffen, daß sie in ihrer Stadt/in ihrem Heimatkreis mit ihrer Krankheit/Behinderung auf Dauer leben können, ggf. unterstützt durch die erforderlichen ambulanten und institutionellen Hilfen. Wenn das fachliche und politische Ziel die gemeinde-integrierte psychiatrische Versorgung gerade der Langzeitkranken und psychisch behinderten Menschen ist, die nicht für sich selber sorgen können, so erfordert dies eine *Umkehr zentraler Regeln und Denkmuster* (Bennett 1992, Hoffmann 1992, Polak 1976, Stein 1978):

1. Patientenorientierte (Hoffmann 1992) statt indikationsorientierte Konzepte: Für in der Region lebende Mitbürger mit langfristigem Krankheitsverlauf werden geeignete Therapien und Hilfen zum individualisierten Ausgleich von Defiziten und Benachteiligungen entwickelt - statt für vorhandene Therapieangebote geeignete Patienten auch überregional zu suchen und die ungeeigneten in der Region gehen leer aus.

2. Die Hilfen kommen zum Patienten in <u>sein</u> soziales Umfeld, statt
daß die Patienten zu immer wieder anderen Therapieprogrammen
mit dem institutionellen Umfeld weiterwandern. Anstatt den Patienten bei notwendigen Veränderungen in der Art und der Intensität der
erforderlichen Hilfen jeweils zum anderen Hilfekästchen weiterzu-
reichen, sollen die notwendigen Veränderungen dadurch realisiert
werden, daß die Therapeuten ihr Hilfeangebot entsprechend anpas-
sen und sich um den Erhalt der Kontinuität tragender therapeutischer
Beziehungen ("*case management*", Sheperd 1992) und der sozialen
Integration des Patienten in seinem konkreten sozialen Umfeld
bemühen. Denn gerade bei langfristigem und wechselhaftem Verlauf
psychischer Erkrankungen sind diese für die Betroffenen von entscheidender Bedeutung.

3. Patientenorientierte Organisationsstrukturen setzen aber voraus,
daß die Finanzierungsebene von der Organisation der therapeutischen Arbeit entkoppelt wird. Das bedeutet z.B. in der Klinik, daß
ein Stationsarzt einzelne Patienten auch tagesklinisch oder ambulant
während seiner Wochenarbeitszeit weiterbetreut und seine Wochen-
arbeitsstunden anteilig den unterschiedlichen Kostenstellen zugeord-
net werden. Dann kann bedeuten, daß Therapeuten als Teilzeitbe-
schäftigte in den unterschiedlichen Kostenstellen für vollstationäre,
teilstationäre, ambulante Behandlung oder auch Rehabilitation tätig
sind. Die Entkoppelung von Finanzierungsebene und organisatorischer Realisierung von personenzentrierter Hilfen muß insbesondere auch im außerklinischen Bereich realisiert werden.

4. Die Kostenträger müßten das Axiom aufgeben, multiprofessio-
nelle, aufwendige Behandlungen oder Rehabilitation nur in Verbin-
dung mit einem Bett in einer Institution zu finanzieren. Wesentliche,
von Kassen und Reha-Leistungsträgern anerkannte Komponenten
stationärer psychiatrischer Behandlung werden in die Zuständigkeit
der Sozialhilfe verwiesen, wenn genau dasselbe in ambulanter Form
realisiert wird (z.B. soziotherapeutische Aktivitäten).

Erfoderlich ist die flexible Kombination der individuell für den Patienten *in seinen* Lebensfeldern *zusätzlich* notwendigen Hilfekomponenten, also die jeweils individuell notwendige therapeutische "Dosis". Es gilt der Grundsatz: So wenig wie möglich, aber so viel wie nötig. Dieser muß an die Stelle einer umfassenden Standardversorgung in (wohnortfernen) Einrichtungen treten, durch die auch noch verbliebene Reste sozialer Integration zunichte gemacht werden. Es darf keine Ausgrenzung in große "Asyle" oder in die Obdachlosigkeit stattfinden, sondern es geht um die Realisierung der Asyl-Funktion in der Lebenswelt der chronisch psychisch kranken und behinderten Menschen in der Gemeinde (Lamb 1993, Sheperd 1992, Wing 1990).

Bei verschiedenen Patienten ergeben die individuellen Profile an Fähigkeiten, Defiziten und Benachteiligungen, an Fortschritten und Rückschritten in den verschiedenen Lebensfeldern (Wohnen, Arbeit, Freizeit) sehr individuell verschiedene Kombinationen im Zeitablauf (Kunze 1981). Deshalb erfordert das Ziel der problemspezifischen individualisierten Behandlung und Rehabilitation (mit personen-bezogener Kontinuität der Hilfen) die Entkoppelung der Hilfeachsen nach Lebensfeldern, um auf Vor- und Rückschritte entsprechend im individuellen Verlauf problemspezifisch und flexibel eingehen zu können (vgl. auch Empfehlungen der Expertenkommission...: Kapitel C.3: Die Gemeindepsychiatrie in funktionaler Betrachtungsweise, Expertenkommission 1988).

Die Entkoppelung der Hilfen in den verschiedenen Lebensbereichen entspricht dem *Normalisierungsprinzip* und eröffnet dem einzelnen Kranken Autonomiebereiche. GOFFMANN (1973) schreibt in seinem klassischen Buch über *totale Institutionen* - und dies gilt nicht nur für psychiatrische Krankenhäuser, sondern auch für andere Einrichtungen: "In der modernen Gesellschaft besteht eine grundlegende soziale Ordnung, nach der der einzelne Mensch an verschiedenen Orten schläft, spielt, arbeitet - und dies mit wechselnden

Partner, unter verschiedenen Autoritäten und ohne einen umfassenden rationalen Plan. Das zentrale Merkmal totaler Institutionen besteht darin, daß die Schranken, die normalerweise diese drei Lebensbereiche voneinander trennen, aufgehoben sind".

Die einzige patientenorientierte Rechtfertigung für die längerfristige Aufhebung dieser Schranken ist die krankheits- bzw. behinde-
rungsbedingte Überforderung der Person als Subjekt, für sich die
Integration der voneinander unabhängigen Hilfebereiche selber zu
schaffen. Aber wie oft erfolgt die Zusammenfassung verschiedener
Hilfen unter einer Autorität aus ganz anderen Gründen: aus der Interessenlage der Therapeuten (Kooperation weniger anstrengend,
Kontrolle des Patienten einfacher...); aus der Interessenlage von
Einrichtungen und Kostenträgern (größer, rationeller, Überschnei-
dungen leichter auszuschließen...) - ungeachtet der Gefahr, Menschen überzuversorgen und zu verunselbständigen, die diesen hohen
Integrationsgrad der Hilfen nicht benötigen, und damit in ihrer per-
sonalen Subjektivität zu mißachten.

Literatur:

Angermeyer, M. C., Klusmann, D. (Hrsg.): Soziales Netzwerk. Ein neues Konzept für die Psychiatrie. Berlin: Springer 1989

Bennett, D.H.: Ein "District Service Centre" am Mandsley Hospital. In: Kunze, H., Picard, W., Aktion psychisch Kranke (Hrsg.): Administrative Phantasie in der psychiatrischen Versorgung - von antitherapeutischen zu therapeutischen Strukturen. Köln: Rheinland Verlag 1992

Bennett, D.H.: Einige Bemerkungen zur Rehabilitation psychisch und geistig Behinderter in Großbritannien. In: Bundesministerium für Jugend, Familie und Gesundheit: Anhang zum Bericht über die Lage der Psychiatrie in der Bundesrepublik Deutschland. Bonn (1975): 797-827

Böker, W., Brenner, H.D. (Hrsg.): Die Bewältigung der Schizophrenie. Bern: Huber 1986

Brugha, T.S.: Support and personal relationships. In: Bennett, D.H., Freeman, H.L. (Eds.): Community Psychiatry. London: Churchill Livingstone 1991

Bundesministerium für Arbeit und Sozialordnung (Hrsg.): Die berufliche Eingliederung psychisch Behinderter - Vorschlag für ein behindertengerechtes System der beruflichen Eingliederung. Bonn (1987)

Bundesministerium für Arbeit und Sozialordnung (Hrsg.): Psychisch Behinderte im System der beruflichen Rehabilitation. Forschungsbericht 174, Sozialforschung. Bonn (1988)

Ciompi, L., Dauwalder, H.P. Aguè, A. : Ein Forschungsprogramm über die Rehabilitation psychisch Kranker III. Nervenarzt 50 (1979): 366-378

Cumming, J. Cumming, E.: Ego und Milieu. New York: Atherton Press (1962) Deutsche Ausgabe: Ich und Milieu, Göttingen: Vanderhoeck und Ruprecht (1979)

Dauwalder, H.P., Ciompi, L., Aebi, E., Hubschmidt, T.: Ein Forschungsprogramm zur Rehabilitation psychisch Kranker. IV. Untersuchung zur Rolle von Zukunftserwartungen bei chronisch Schizophrenen. Nervenarzt 55 (1984): 257-264

Expertenkommission: Empfehlungen der Expertenkommission der Bundesregierung zur Reform der Versorgung im psychiatrischen und psychotherapeutisch/psychosomatischen Bereich. Bonn (1988)

Goffman, E.: Asylums - Essays on the Social Situation of Mental Patients and Other Inmates. Doubleday Anchor Books (1961). Deutsche Ausgabe: Asyle. Frankfurt: Suhrkamp 1973

Häfner, H.: Psychiatrie: Ein Lesebuch für Fortgeschrittene. Stuttgart: G. Fischer 1991

Hart, J.T.: The inverse care law. Lancet 1 (1971): 406

Hoffmann, H.: Patienten - statt institutionszentrierte Strukturen am Beispiel eines Lernfalles aus der Sozialpsychiatrischen Universitätsklinik Bern. In: Kunze, H., L. Kaltenbach (Hrsg.): Psychiatrie-Personalordnung. Stuttgart: Kohlhammer 1992

Kind, H.: Das psychiatrische Erstinterview. Nervenarzt 49 (1978): 255-260

Kunze, H.: Psychiatrische Übergangseinrichtungen und Heime - Psychisch Kranke und Behinderte im Abseits der Psychiatrie-Reform. Stuttgart: Enke 1981

Kunze, H.: Funktionswandel Psychiatrischer Krankenhäuser im Versorgungssystem und das Problem der sog. Enthospitalisierung. In: Picard, W., F. Reimer: Aktion psychisch Kranke (Hrsg.): Grundlagen und Gestaltungsmöglichkeiten der Versorgung psychisch Kranker und Behinderter. Tagungsbericht, Bd. 19. Köln: Rheinland Verlag 1992

Kunze, H., Kaltenbach, L. (Hrsg.): Psychiatrie-Personalverordnung. Stuttgart: Kohlhammer 1992

Lamb, H.R.: Lessons learned from deinstitutionalisation in the U.S. British Journal of Psychiatry 162 (1993): 587-592

Leff, J., Vaughn, C.: Expressed emotion in families. New York. Guilford Press 1985

Müller, P.: Der Suizid der schizophrenen Kranken und sein Zusammenhang mit der therapeutischen Situation. Psychiatrische Praxis 16 (1989): 55-61

Polak, P.R., Kirby, M.: A model to replace psychiatric hospitals. J. Nerv. Ment. Disease 162 (1976): 13-22

Polak, P.: Patterns of Discord: Goals of Patients, Therapists and Community Members. rchives of General Psychiatry 23 (1979): 277-283

Rüger, U., Blomert, A.F., Förster, W.: Coping - Theoretische Konzepte: Forschungsansätze, Meßinstrumente zur Krankheitsbewältigung. Göttingen: Vanderhoeck und Ruprecht 1990

Sachsse, U.: Die schizophrene Erkrankung als narzißtische Dauerkatastrophe. Krankenhauspsychiatrie (im Druck)

Scharfetter, C.: Schizophrene Menschen. München: Psychologie Verlags Union 1990

Schwoon, D.R.: Motivation - ein kritischer Begriff in der Behandlung Suchtkranker. In: Wienberg, G. (Hrsg.): Die vergessene Mehrheit - Zur Realität der Versorgung alkohol- und medikamentenabhängiger Menschen. Bonn: Psychiatrie-Verlag (1992)

Shepherd, G.: "Ward in a House" and "Case Management" - Zwei Konzepte zur langfristigen Behandlung schwer psychisch Kranker in der Gemeinde. In: Kunze, H., L. Kaltenbach (Hrsg.): Psychiatrie-Personalordnung. Stuttgart: Kohlhammer 1992

Stein, L.I., Test, M.A. (Eds.): Alternatives to Mental Hospital Treatment. New York: Plenum Press 1978

Wing, J.K.: Institutional Influences on Mental Disorder. In: Kisker, K.P., Meyer, J.-E., Müller, C., Strömgren, E. (Hrsg.): Psychiatrie der Gegenwart. Bd. III, 2. Aufl. Berlin: Springer 1975

Wing, J.K.: The Function of Asylum. British Journal of Psychiatry 157 (1990): 822-827

World Health Organisation (WHO): International Classification of Impairments, Disabilities and Handicaps. Genf 1980

Verzeichnis der Erstautoren

Andreas Crome, Dr. med., Westfälische Klinik für Psychiatrie und Neurologie Lengerich, Parkallee 11, 49525 Lengerich
Dr. Crome ist Leiter der Westfälischen Klinik für Psychiatrie und Neurologie Lengerich

Bernd Eikelmann, PD Dr. med., Westfälische Klinik für Psychiatrie Münster, Friedrich-Wilhelm-Weber-Str. 30, 48147 Münster
Dr. Eikelmann ist Leiter der Westfälischen Klinik für Psychiatrie Münster

W. Peter Hornung, Dr. med., Klinik für Psychiatrie der Universität Münster, Albert-Schweitzer-Str. 11, 48149 Münster
Dr. Hornung ist Oberarzt an der Psychiatrischen Universitäts-Klinik in Münster

Heinrich Kunze, Prof. Dr. med., Psychiatrisches Krankenhaus Merxhausen, 34306 Bad Emstal/Kassel
Prof. Kunze ist leitender Arzt des Psychiatrischen Krankenhauses Merxhausen

Zeno Kupper, Lig. Phil., Sozialpsychiatrische Universitätsklinik, Murtenstraße 21, CH-3010 Bern
Herr Kupper ist Psychologe an der Sozialpsychiatrischen Universitätsklinik Bern

H. Richard Lamb, M.D., Department of Psychiatry and the Behavioral Sciences, University of Southern California School of Madison, LAC-USC, Medical Center, 1934 Hospital Place, Los Angeles, California 90033-1071

Prof. Lamb ist Direktor der psychiatrischen Abteilung an der University of Southern California

Thomas Reker, Dr. med., Klinik für Psychiatrie der Universität Münster, Albert-Schweitzer-Str. 11, 48149 Münster

Dr. Reker ist Leiter der Forschungsstelle Arbeitsrehabilitation in der Klinik für Psychiatrie Münster

Peter Stastny, M.D., Albert Einstein College of Medicine, Bronx Psychiatric Center, 1500 Waters-Place, Thompson-Building-Room 5-62, Bronx, New York 10461

Dr. Stastny ist Associate Professor am Albert-Einstein College of Medicine in New York

Beate Wethkamp, Dipl.-Psych., Klinik für Psychiatrie der Universität Münster, Albert-Schweitzer-Str. 11, 48149 Münster

Frau Wethkamp arbeitet als Psychologin in der Forschungsstelle Arbeitsrehabilitation in der Klinik für Psychiatrie Münster